横幹〈知の挑戦〉シリーズ

イノベーションの創出

|仕組み，社会実装，技術|

編著
長沢伸也
著
林　聖子
遠藤　薫
上田隆一
小澤真紀子
入澤裕介
齊藤智明
繁野麻衣子
橋上英宣
中嶋良介
仲田知弘
鈴木研悟

晃洋書房

横幹連合の目指すコトつくりと『知の挑戦』シリーズ出版について

　横断型基幹科学技術研究団体連合（Transdisciplinary Federation of Science and Technology）略称「横幹連合」は，図1に示す文理をまたがる33学協会を会員とする学会の連合体であり，2003年4月に吉川弘之氏（当時，産業技術総合研究所理事長）を初代会長（現在，名誉会長）として発足した．

　2005年11月に長野市で第1回横幹連合コンファレンスを開催し，知の統合の新たな戦略目的として「コトつくり」を提唱し，「コトつくり長野宣言」を採択した．そこでは，「知の統合に向けた学問の深化とその推進」，「横断型基幹科学技術を活用した社会問題解決」，「知の統合を推進・定着させるための人材育成」の必要性が訴えられた．

　「異分野を俯瞰する事実知」，「異分野を統合する使用知」，「社会的期待を発見する意味知」を用いて伝統的科学技術分野を束ねることで，公共性，多様性，

図1　横幹連合参加学会一覧

出所）横幹連合会員学会マップ（2024/06現在）https://www.trafst.jp/member/map/.

図2 「横幹図」が俯瞰する横幹連合活動の概念図

出所）横幹連合企画・事業委員会（2022）．新しい横幹図，「横幹」，16(2)，pp. 112-113．より引用．

強靱性を満たす「知のプラットフォーム」を築き，社会課題解決を目指している．**図2**は，我々の活動を俯瞰するもので，「横幹図」と呼ばれている．近年日本の科学技術政策では「総合知」の重要性が叫ばれているが，これと横幹連合が目指す「知の統合による社会課題解決」に大きな差はない．しかし，横幹連合自体のこれまでの20周年を振り返っても，知の統合を社会や産業界の課題解決に繋げることは容易ではない．

　現在，横幹連合は，Transdisciplinary 概念の明確化，SDGs，DX，ELSI などに関する学会横断的調査研究会活動を通じて，知をどのように統合するかを検討している．また，雑誌「横幹」の刊行，年に1回の横幹コンファレンス，日本が誇る「コトつくり」の登録，産学連携シンポジウムの開催等の活動も続けてきた．

　2016年に開始した加盟学会協働での出版事業もその1つである．これまで，横幹〈知の統合シリーズ〉として『〈知の統合〉は何を解決するのか──モノとコトのダイナミズム──』(2016年)，『価値創出をになう人材の育成──コトつくりとヒトつくり──』(2016年)，『カワイイ文化とテクノロジーの隠れた関係』(2016年)，『社会シミュレーション──世界を「見える化」する──』(2017

年），『ともに生きる地域コミュニティ——超スマート社会を目指して——』（2018年）を出版してきた．

　しかし，2018年を最後に出版企画が中断した形になってしまった．横幹連合広報・出版委員会では加盟学会を横断する出版企画を描けない状況になっていた．この企画を再興したのが，安岡善文横幹連合第6代会長（前会長）のリーダーシップの下，長沢伸也横幹連合理事・前広報・出版委員会委員長（早稲田大学）が，行った活動である．長沢前委員長は，加盟学会各学会が問題意識を有するであろう「イノベーション」を重要テーマとして執筆を積極的に呼び掛けて，企画に賛同する多くの学会があった．

　横幹連合出版事業が，安岡前会長，長沢前委員長，そして本書の企画を真摯に受け止め，執筆いただいた横幹連合加盟学会の大変な尽力でなされたことに，敬意を表する共に，横幹連合を代表して深甚の謝意を捧げたい．

　本書は，安岡善文前会長のご寄付により横幹連合に設立された出版事業基金の助成を受けた．安岡前会長のご厚意に深く謝意を表する．

　本シリーズが横幹連合のコトつくりとして育てることこそ，安岡前会長を引き継いだ現体制の責務である．本書を通じて，横幹連合活動に関心を持っていただく方が増え，横幹連合の諸活動にも参画いただけることとなれば幸甚である．

　　2024年9月

　　　　　　　　　　　　NPO法人横断型基幹科技術研究団体連合第7代会長
　　　　　　　　　　　　情報・システム研究機構理事　統計数理研究所長
　　　　　　　　　　　　　　　椿　広　計

横断型基幹科学技術研究団体連合（横幹連合）会員学会
応用統計学会，形の科学会，経営情報学会，計測自動制御学会，研究・イノベーション学会，行動経済学会，国際戦略経営研究学会，システム制御情報学会，社会情報学会，スケジューリング学会，商品開発・管理学会，日本MOT学会，日本応用数理学会，日本オペレーションズ・リサーチ学会，日本開発工学会，日本感性工学会，日本経営工学会，日本経営システム学会，日本システム・ダイナミクス学会，日本シミュレーション＆ゲーミング学会，日本情報経営学会，日本信頼性学会，日本生物工学会，日本知能情報ファジィ学会，日本デザイン学会，日本統計学会，日本バーチャルリアリティ学会，日本バイオフィードバック学会，日本品質管理学会，日本リアルオプション学会，日本リモートセンシング学会，日本ロボット学会，品質工学会　　　　　　　（五十音順．2024年9月現在）

本書のねらいと概要

　本書は，イノベーションを主題として，特定非営利活動法人 横断型基幹科学技術研究団体連合（略称「横幹連合」）会員学会33学会のうち，研究・イノベーション学会，社会情報学会，日本感性工学会，商品開発・管理学会，日本信頼性学会，日本ロボット学会，スケジューリング学会，システム制御情報学会，日本シミュレーション＆ゲーミング学会の9学会から推薦された執筆者12名による9編の解説論考から成る．本書のねらいや概要は以下の通りである．

- ・形態：研究者・図書館・研究機関への販売を前提とした啓蒙的な専門書
- ・読者対象：大学院，研究者・技術者
- ・本書の特徴（類書との相違点，新規性など）：横幹連合に相応しく文理の多くの分野にわたるイノベーション研究の諸相を扱っている
- ・本書を刊行する意義：イノベーションが技術革新のみではなく文理のさまざまな分野で巻き起こっていることを知らしめる
- ・出版趣旨：横幹連合の存在と力量を世に知らしめる
- ・出版のねらい：このように多分野にわたるイノベーションの諸相を研究する学会から成っている横幹連合は魅力的でしょ」とアピールする
- ・出版内容：横幹連合会員学会で議論されているイノベーションの基本的研究，先端を行く研究，社会に貢献する研究，独創的研究を紹介する

●本書企画の背景

　横幹連合は，文理をまたがる33学会を会員とする学会の連合体である．横幹連合が設置している常置委員会の1つが広報・出版委員会であり，ニュースレターの定期的発行，パンフレットの改訂，ウェブサイトの管理体制の整備，会員学会行事の広報活動，図書の刊行を担っている．編者が2023年度委員長に就任するに当たり，特に図書の発刊に注力して欲しいとの要望を受けた．そこで，既刊『知の統合シリーズ』発刊にご尽力いただいた元副会長の先生に尋ねたところ，既刊の続編や形式とする必要や制約が一切無いことが確認できた．また，

武田博直委員（ニュースレター編集室長）より「イノベーション」をテーマにしてはどうかとの提案があり，2023年5月開催の横幹連合総会で安岡善文会長（当時）や本多敏監事（同）にもご相談したところ好感触であった.

●本書企画の経緯

　既刊『知の統合シリーズ』では各巻でテーマを設定して執筆を依頼したが，本書では原則として横幹連合各会員学会の学会誌に掲載された「イノベーション」に関する解説論文や学術論文をリライトするという条件で論文および執筆予定者の推薦を2023年10月下旬に各学会へ依頼した. 最終的に9学会より推薦があり，先ず既刊の出版社に出版を打診した. ところが，既刊書の売上実績は芳しくなく，加えてここ数年の出版経費の高騰により厳しい条件が提示された.

　次いで，編者が商品開発・管理学会編の書籍などを刊行した実績のある晃洋書房に打診したところリーズナブルな条件であった. そこで出版社を変更するとともに，シリーズ名を『横幹〈知の挑戦〉シリーズ』と改め，諸条件を詰めて2024年2月下旬に企画案を決定，同年3月初めに原稿執筆依頼，同年5月末日に原稿締切と進めて9学会より原稿が出揃った. しかしながら，中にはイノベーションとの関係が不明だったり推薦学会の紹介や推薦学会のイノベーション研究の状況に触れていない原稿や，推薦学会の会務報告ばかりで具体的な論考のない原稿，刷上りの図表が小さすぎて拡大すると紙数の制約の20頁を大幅超過したりする原稿もあった. そこで編者として，よくは存じ上げない学会から推薦された執筆者に対して例文を示したり原稿に手を入れたりして修正をお願いした.

　ほとんどの著者に快く応じていただいたが1学会が原稿を取り下げた. この段階での追加公募は間に合わないものの1章減ることが得策ではないと判断し，編者の責任と権限で複数の学会誌からイノベーションに関する価値ある1編を選び，当該学会の会長や当該学会選出代議員，執筆者からご快諾いただいた. 最終的に集まった9編の内容から，全体を3部に分ける括り方を変更した.

●本書の各部と各章の解説

　第Ⅰ部は，イノベーション創出のための「そもそも論」つまり仕組み・考え方の3論文から成る. 第1章（林聖子稿）は，イノベーション研究の目指す方向について，アプローチを論じた上で地域産学連携スタイルの事例を紹介してい

る．続く第2章（遠藤薫稿）は，「いま求められているイノベーション」に計算社会科学が果たしうる役割，果たすべき役割を述べている．異色な第3章（上田隆一稿）は，ロボカップに初期から関わった著者の見聞を通してイノベーションの普及の困難さと技術チャレンジにより打破していく過程が生々しく伝わる．

第II部は，イノベーションの商品化・社会実装としてバラエティーに富む3事例から成る．第4章（小澤真紀子稿）は，デザイン思考の1つである「意味のイノベーション」では一次的意味と二次的意味のインタラクションが重要であるとしている．続く第5章（入澤裕介・長沢伸也稿）では，信三郎帆布（京都市）ブランドは持続的イノベーションと破壊的イノベーションを通じて新たな経験価値を創造していると分析している．第6章（齊藤智明稿）では，自動運転車のような新しい技術に立ちはだかる社会的受容性の壁を打ち破るため，信頼性・安全性を要件とした安全論証が鍵を握っていると指摘している．

第III部の3論文は，イノベーションを支える要素技術・基盤技術等の方法論を紹介している．第7章（繁野麻衣子・橋上英宣稿）は，革新的な製品やサービスを円滑に浸透させるための効率的計画を作成する段階にスケジューリングが活用されることを通勤カープールの事例で述べている．第8章（中嶋良介・仲田知弘稿）は，機械学習・スマートデバイスの基礎的な概念か事例に基づく循環型生産システムの生産性イノベーションへの活用可能性を解説している．最後の第9章（鈴木研悟稿）では，複雑な世界のダイナミクスを表現できるゲームをデザインし実践することで「なぜイノベーションが起きないのか」「なぜ世界がよくならないのか」という根源的な問いと向き合う必要性を説いている．

本書が産学の幅広い読者のイノベーションへの理解と取組みに参考になるものと信じている．併せて横幹連合の存在と力量が知られることとなれば幸甚である．最後になったが，公募形式を採った本書に賛同し執筆者を推挙いただいた9学会ならびに執筆いただいた12名の執筆者，自らのご寄付により横幹連合に出版事業基金を設立された安岡善文前会長，本書の出版・編集に尽力いただいた晃洋書房編集部 西村喜夫部長と坂野美鈴様に心より感謝を申し上げる．

2024年仲秋

横幹連合 広報・出版委員会2023年度委員長　　長 沢 伸 也

目　　次

第Ⅰ部　イノベーション創出のための仕組み・考え方

第1章

イノベーション研究の動向と目指す方向
——研究・イノベーション学会のアプローチと地域産学官連携スタイル——

研究・イノベーション学会　林　聖子

1　研究・イノベーション学会とイノベーション

（1）研究・イノベーション学会の概要

　研究・イノベーション学会は1985年10月31日，「研究・技術計画学会」として設立し，技術経営（企業の研究開発マネジメント）と科学技術政策を2つの重点分野として活動してきたが，時代の変化や多様化を踏まえ，活動領域を再検討し，2015年10月10日に「研究・イノベーション学会」へ名称を変更し，2024年2月16日法人格を有する一般社団法人研究・イノベーション学会へと展開し，「イノベーションの創出に向けた企業経営・マネジメントの向上」，「科学技術・イノベーション関連政策の分析，評価，提言」等，研究開発及びイノベーションに関する経営及び政策についての学術研究及び研究交流を図ることを目的にしている（学会HP）．

（2）研究・イノベーション学会の活動

　本学会には2つの支部，10の分科会，4つの研究懇談会が活発な活動を展開しており，これらの活動は本学会の大きな特徴であり，魅力といえる（学会HP）．

　毎年秋に本学会では年次学術大会を開催し，イノベーションを取り巻く状況が変化著しい中で，一般講演，特別講演，パネル討論，企画セッション等から，多様な知識獲得等が可能である（学会HP）．

　毎年夏頃に本学会では，2021年第36回「COVID-19が明らかにしたイノベーションシステムの課題」，2022年第37回「経済安全保障と科学技術イノベーションの両立へ」，2023年第38回「ゲームチェンジャーとしてのDX——日本の研究開発／イノベーションにDXがもたらす変革とは——」といったタイム

リーなテーマのシンポジウムを開催しており，2024年9月には第39回シンポジウム「Society 2030——2030年の社会と科学技術を構想する——」が開催された．研究・イノベーション等を取り巻く世界的な流れや周辺領域の最新動向等を体系的に学び，知ることができる有効な機会を提供している（学会 HP）．

　本学会の学会誌『研究 技術 計画』は1986年に創刊し，1987年初の特集「技術戦略から見た企業再編」以来，研究開発，科学技術，イノベーション，政策等に関連した特集を組んでおり，初のイノベーション関連論文「イノベーションプロセスとガバナンス」が掲載されたのは1988年である（学会 HP）．

　以上のように，本研究・イノベーション学会では各種活動に加えて他学会や他組織との連携も行い，各種連携，関連する知の獲得等を促進しており，学会活動全体がイノベーション創出の一助になっていると考えられる．

2　イノベーション研究の動向

（1）イノベーションの定義

　イノベーションの定義はさまざまに論じられているが，まず参照されるのはオーストリアの経済学者シュンペーターである．シュンペーター（邦訳 1977）は，イノベーションについて，新規の，あるいは，既存の知識，資源，設備等の新しい結合と定義し，この新結合には ① 新しい財貨の生産（消費者に知られていない新しい商品や商品の新しい品質の開発），② 新しい生産方法の開発，③ 新しい市場の開拓，④ 原料ないし半製品の新しい供給源の獲得，⑤ 新しい組織の実現，の5つがあると論じている．

　ドラッカー（邦訳 1996）はイノベーションを企業経営の根本的な目的である顧客に対する価値の最大化を実現する手段として論じている．

　本学会元学会長の宮崎（2017）は，「イノベーションはアイディアの創造である発明とは異なり，技術開発や商品開発，生産とマーケティングも含んだ，新しい，あるいは改良を伴う新製品の事業化までの過程，または新しく改良をともなった生産プロセスのことを指し，新しい知識を使うことによる，顧客が求める新製品，あるいは新サービスの提供でもある」と論じている．

　長内他（2021）はイノベーションを「経済的成果をもたらす革新」と定義し，「革新的かつ新たに生み出された素材や技術，製法，製品，サービスが経済的成果に結びついてこそ，イノベーションと言える」と論じている．

　一橋大学イノベーション研究センター（2022）では，イノベーションを「社会に価値をもたらす革新」と定義し，イノベーションを「価値」と「革新」の2つの側面からとらえていることがこの定義の特徴と論じている．

　清水（2023）はイノベーションを，「経済的な価値を生み出す新しいモノゴト」と定義している．

　イノベーションは他にも多数の定義がなされているが，研究・イノベーション学会ではシュンペーター等による定義が前提となっていると感じるものの，特に学会としての定義や統一見解があるわけではない．そこで，前掲の先行研究を参考にし，筆者は本章におけるイノベーションを「科学的発見や技術的発明，サービス等を発展させ，あるいは組み合わせることで，新たな社会的価値や経済的価値を生み出すこと」と定義し，イノベーションは，新製品・新材料・新サービスを開発し，それらを市場で流通させ（林・田辺 2010），開発した自社製品等により自社の強みを PR し，新たな受注拡大につなげること等も含めることとする（林 2020）．

（2）イノベーションの重要性と本章の狙い

　コロナ禍により人々の価値観やライフスタイルに変化が生じ，世界複数の地域での侵略や戦争等により人々の平和が脅かされ，サプライチェーン等への影響も生じ，地球温暖化等も含めて我々を取り巻く環境や社会経済は大きく変容している．不確実性が高く，社会変容が激しく，新たな考え方，新たなシステム，新たな実践等が必須となっている現在，新たな価値を生み出すイノベーションへの着目は高まっている．イノベーションの創出は，社会の各種課題解決の為，各国の政策推進等による発展の為，各産業の競争力強化による発展の為，各企業の競争優位による発展の為等，その目的はさまざまである．今日，イノベーションの重要性は高いにもかかわらず，1人・1社・1組織単独での創出が難しいことから，さまざまな連携（オープンイノベーション，産学連携，M&A等）が行われ，各種マネジメントが実施され，政策が活用され，関連する事柄等が相互に作用しあっている．それゆえに，イノベーションを取り巻く状況は複雑化し，関連する人・企業・組織は，その複雑化を把握する為に多数の知識や事象や政策等を知り，実践に有効に活用していく必要がある．それらは，1人・1社・1組織で取り組むには限界がある．それゆえに，さまざまな知を保有する人達で構成され，知識修得の機会や議論の場を提供する学会の果たす役

割は大きく，研究・イノベーション学会もその役割を担っていると考えられる.

　シュンペーターに端を発するイノベーション研究（シュンペーター，邦訳 1977）は，その後，世界中でさまざまな視点や視座から学者等により研究が行われてきた．社会変容が激しく，変化著しい現在において，イノベーション研究は根幹となる専門知識を中心とした研究はもとより，イノベーションに関連する周辺領域の研究や知識，関連する法律，関連する政策，関連する事象等を探索，収集，体得していくことが肝要になっている．それらは広範囲に渡るため，1人・1社・1組織での収集や体得は難しく，他社や多組織との外部連携等が重要となってきている．産学官さまざまな領域の人と知り合う機会や新たな知識・研究動向・周辺領域動向等を得ることができる学会も，大きな役割を果たしている．学会でのタイムリーな関連事項のシンポジウムや分科会等が開催されることが有効であり，学会には本来のミッションに加えて，研究推進に必要な政策面や関連する周辺領域等の知識獲得の機会提供等の役割も一層必要であり，そのようなさまざまな知識等が融合して生み出されるイノベーションは重要である.

　そこで，本章では，研究・イノベーション学会の概要及び活動を紹介し，イノベーションの定義，イノベーション研究の流れと主なイノベーション理論に触れた上で，イノベーション創出関連の政策を概観する．次に，地域産学官連携スタイルの1つと考えられる堀切川モデルについて紹介し，地域中小企業との産学官連携により継続的に多数の新製品を開発できている要因等を考察する．そして，イノベーション創出に研究・イノベーション学会の活動が果たす役割の重要性，地域産学官連携スタイルとしての堀切川モデルから連携の重要性等を明らかにする.

（3）イノベーション研究の流れと主なイノベーション理論

　シュンペーター（邦訳 1977）によって経済発展の手段としてイノベーションが論じられた後，20世紀後半にはロジャーズ（邦訳 2007）が「イノベーションの普及」を論じ，さらにはロジャーズが提唱した普及プロセスにおいて，初期少数採用者（アーリーアダプター）と初期多数採用者（アーリーマジョリティー）の間に深い溝（キャズム）があるとムーア（邦訳 2002）が指摘し，イノベーションがどのように展開して普及するのかという普及プロセスが論じられた．さらに，アッターバックとアバナシー（1975）はイノベーションを「プロダクト・イノ

ベーション」と「プロセス・イノベーション」の2種類に分け，プロダクト・イノベーションは製品やサービスに革新をもたらすイノベーションで，プロセス・イノベーションは製品やサービスを生産するための工程（プロセス）に革新をもたらすイノベーションと論じた．アッターバック（邦訳 1998）は，これら2種類のイノベーションは「流動期」，「移行期」，「固定期」という3つの段階をたどるが，移行期に製品として持つべき機能と要素技術や全体としてのデザインが明らかになり，支配的なデザインである「ドミナト・デザイン」が登場することを論じ，イノベーションの発生過程とイノベーションの影響による産業構造の変化へと展開している．

　21世紀になると，クリステンセン（邦訳 2001）は，ある市場を牽引している優良企業が顧客の声に傾聴して持続的イノベーションを継続するあまり，開発する製品が過剰品質に陥り，新興企業が破壊的イノベーションによる製品・サービスを提供してその価値が市場で広く認められると，優良企業の提供してきた従来製品の価値が毀損し，優良企業は市場におけるそれまでの地位を失い，新興企業に地位を奪われるというイノベーションのジレンマを提唱した．

　イノベーションを創出するための連携手法として，チェスブロウ（邦訳 2004）はオープンイノベーションを「企業内部と外部のアイデアを有機的に結合させ，価値を創造すること」と定義し，イノベーション促進のために技術やアイデアを組織の枠にとらわれず，社内外で流動させることの重要性を論じた．日本では，大阪ガス，東レとファーストリテイリング社，東レとボーイング社とのオープンイノベーションの取り組み等が公表されている（オープンイノベーション協議会・国立研究開発法人新エネルギー・産業技術総合開発機構 2016）．

　マーチ（1991）が組織学習における知の探索と知の深化を論じた論文を，入山（2019）は「世界のイノベーション研究における金字塔」と述べ，マーチ（1991）の概念を実務の世界に適用していったのがチャールズ A. オライリーとマイケル L. タッシュマン（邦訳 2022）で，企業活動において「知の探索（遠くに認知を広げていく行為）」と「知の深化（成功しそうなものを見極め，深堀りし，磨きこんでいく活動）」という「両利きの経営」がバランスよく高い次元でとれていることが重要と論じている．

　イノベーション研究の流れやイノベーション理論は膨大であり，そのすべてを整理し，記載することは難しく，紙面の都合上も含めて，その旨をご了解いただきたい．

　前掲したように，イノベーションは産学官連携等の連携による創出が期待されるので，産学官の学会員で構成する研究・イノベーション学会の活動が果たす役割と，具体的な地域産学官連携スタイル堀切川モデルをとりあげる．

3　イノベーション創出のための政策

（1）科学技術基本法とクラスター政策

　我が国が「科学技術創造立国」を目指して科学技術の振興を強力に推進していく上でのバックボーンとして位置づけられる「科学技術基本法」が1995年に施行され，翌1996年政府は「科学技術基本計画」を策定し，長期的視野に立って体系的かつ一貫した科学技術政策を実行することとなり，5年ごとに基本計画を策定し，これらに沿って科学技術政策を推進している（内閣府）．

　文部科学省では2002年度から「知的クラスター創成事業」と「都市エリア産学官連携促進事業」を開始し，2010年度からはそれらの事業と大学における産学官連携の体制整備を行う「産学官連携戦略展開事業」を「イノベーションシステム整備事業」として一本化した（文部科学省）．

　経済産業省が展開した産業クラスター政策は，地域の企業，大学，研究機関，産業支援機関等の産学官等が広域的なネットワークを構築し，地域の強みを活かした新産業・新事業が創出される内発型の発展を目指し，第1期（2001～2005年）産業クラスターの立ち上げ期，第2期（2006～2010年）産業クラスターの成長期，第3期（2011～2020年）産業クラスターの自律的発展期として，各地域で取り組みを推進し，後掲事業として自動車産業振興等に取り組んだ地域も見受けられた（経済産業省）．

　2002年2月4日第154回国会で，当時の小泉純一郎内閣総理大臣が施政方針演説で，我が国が知財立国を目指すことを表明し（衆議院），産学官連携の活発化と両省が取組んだクラスター政策や事業は注目され，地域による温度差等はあるものの，地域におけるイノベーション創出の萌芽期としての役割を果たしたのではないだろうか．

（2）科学技術・イノベーション基本法

　近年の科学技術・イノベーションの急速な進展により，人間や社会の在り方と科学技術・イノベーションとの関係が密接不可分となっていることを踏まえ，

「人文科学のみに係る科学技術」及び「イノベーションの創出」を「科学技術基本法」の振興の対象に加えるとともに，科学技術・イノベーション創出の振興方針として，分野特性への配慮，あらゆる分野の知見を用いた社会課題への対応等を追加する「科学技術基本法等の一部を改正する法律」が成立し，2021年4月に「科学技術基本法」は「科学技術・イノベーション基本法」に変更となり，施行された（内閣府）．

4　中小企業におけるイノベーション創出の重要性と制約

2024年版「中小企業白書」によれば，我が国の2021年の企業数337.5万者のうち，99.7％の336.5万者が中小企業で（中小企業庁 2024），これらの中小企業がイノベーションを継続的に創出すれば，我が国の産業競争力強化につながることが期待される．

Acs and Audretsch（1990）は中小企業をイノベーションの担い手と論じ，2009年版中小企業白書（2009）では中小企業がニッチ市場におけるイノベーションの担い手であるとしている．一方，North et al.（2001）は中小企業は大企業に比して，経営資源や知識ベース等の内部リソースに制約があると述べ，岡室（2009）は中小企業には経営資源に限りがあるため研究開発活動の制約が大きく，中小企業がイノベーションを行うには社外との連携により，外部の補完的な経営資源を活用することが重要であると論じている．

以上より，経営資源に制限のある中小企業が自社単独でのイノベーション創出が難しい場合，外部との連携や外部の補完的な経営資源の活用等が必要で，その一手法が産学官連携で，次節では，地域中小企業，東北大学教員，地域産業支援機関の産学官連携で多数の新製品等を創出している事例を紹介する．

5　地域産学官連携スタイルとしての堀切川モデル

（1）仙台堀切川モデルの誕生経緯

2002年2月当時の小泉純一郎内閣総理大臣が施政方針演説で，我が国が知財立国を目指すことを表明したことにより（衆議院），国内各地で産学官連携の取り組みが活発化し，2003年には東北大学総長，東北経済連合会会長，宮城県知事，仙台市長によるトップ会談「産学官連携ラウンドテーブル」が開催され，

東北大学は教員を兼務として宮城県と仙台市へ派遣し，産学連携による地域貢献を行うという方針のみが合意された（林 2020）．

　このトップ会談を受けて，仙台市では2004年4月より東北大学の複数名の教員を仙台市地域連携フェローとして招聘し，その一人が，トライボロジーが専門の東北大学大学院工学研究科堀切川一男教授（現東北大学名誉教授，以下，堀切川教授）である．堀切川教授は企業との産学官連携で，2023年7月31日までに264件の新製品・新材料等を開発し（林 2023），我が国において，大学の教員個人の産学官連携による新製品等開発件数の比較を見たことは無いが，堀切川教授のこの件数は圧倒的に多いと見受けられる．

　堀切川教授は東北大学から山形大学赴任時代に，地域中小企業と長野オリンピックボブスレー日本代表チーム用超低摩擦ボブスレーランナー「ナガノスペシャル」の新製品開発や，地域中小企業からの要請で米油製造後の脱脂ぬかを使った硬質多孔質性炭素材料を原料とする新素材「RB セラミックス」を開発し（堀切川 2002），それらの産学官連携活動に仙台市が着眼し，仙台市地域連携フェローの要請を受け，就任している（林・田辺 2010）．

　複数の東北大学教員が就任した仙台市地域連携フェローの活動内容は各々異なり，行政の事業としては珍しくゴールの設定が無く，堀切川教授は活動内容を考えることが最初の仕事だと言われたそうで，堀切川教授を核とする支援チーム（以下，「堀切川支援チーム」と記す）は，他に仙台市産業振興事業団村上雄一ビジネス開発ディレクターと仙台市産学連携推進課担当者の3人で構成され，後に仙台市産業振興事業団職員が加わり，図1-1のような堀切川支援チームの体制で地域中小企業をまずは訪問することからスタートした（林・田辺 2010）．現在，村上ビジネス開発ディレクターは退職し，仙台市地域連携フェローは仙台市地域企業課題解決マイスター（仙台市産業振興事業団）へと名称が変更になり，堀切川教授は相変わらず活発な御用聞き型企業訪問等を継続している．

　「何か困ったことはありませんか」と地域中小企業を訪問する「御用聞き型企業訪問」から開始し，堀切川教授コーディネートによる地域企業技術者の課題解決の場としてのサロン形式セミナー「寺子屋せんだい」，御用聞き型企業訪問先中小企業や寺子屋せんだい参加の中小企業の希望により産学官連携で「新製品・新材料開発」を行う3つの取り組みを，堀切川教授と相談の上，筆者が「仙台堀切川モデル」と命名し，公表した（林 2006）．仙台堀切川モデルの活動には，次のようないくつかの特徴的なパターンが見受けられる．

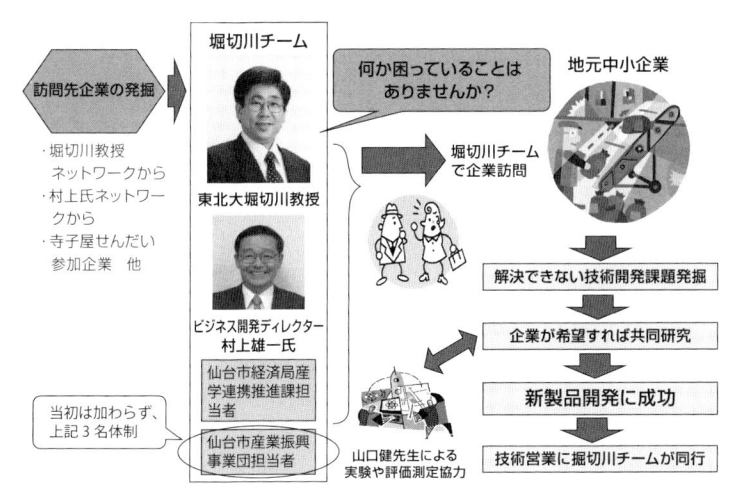

図1-1　仙台堀切川モデル：御用聞き型企業訪問

出所）筆者作成.

① 堀切川教授開発の RB セラミックス活用による産学官連携での新製品開発

耐滑サンダル

　石巻の株式会社中村商店からオリジナルサンダルを開発したいとのリクエストがあり，堀切川教授らは連携して通常のウレタンソールの一部に RB セラミックス粒子を配合したゴムソール材を貼り付けることで耐滑性の向上に成功し，RB セラミックス粒子配合ソール材を用いた耐滑サンダルを商品化し，2005年11月より発売している（中村商店）（林・田辺 2010）．中村商店は石巻に立地しているが，仙台市及び仙台市産業振興事業団は商圏が仙台市との柔軟な考えから，仙台堀切川モデルの活動として支援している．

入院患者用安全サンダル「安全足進」

　耐滑サンダル開発の情報を知った東北大学病院医療安全推進室より，入院患者の転倒事故が多いことから，堀切川教授へ依頼があり，石巻の中村商店と堀切川支援チームと東北大学病院との産学官連携により，滑りにくい入院患者用安全サンダル「安全足進」（図1-2）を開発し（中村商店），サンダルの底には堀切川教授が開発した RB セラミックスを使い，早い段階でプロジェクトメンバーと商品のネーミングをすることがチーム一丸となっての開発モチベーションを高めることになると堀切川教授は推奨しておられる（林 2020a）．

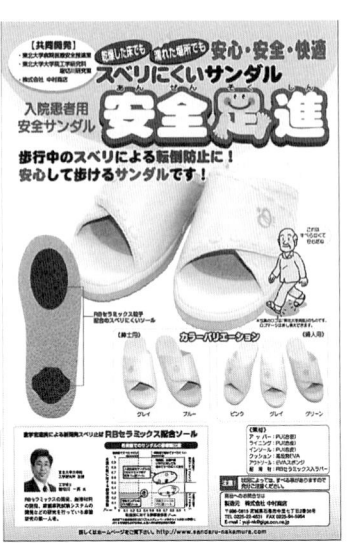

図1-2　入院患者用安全サンダル「安全足進」

出所）堀切川教授提供資料.

Dr. ホッキーソール（耐滑底）を用いた厨房靴「シェフメイトグラスパー」

　HACCP 対応により，食品工場や業務用厨房等では床の洗浄性を高めることにより滑りやすくなり，従来の耐滑靴でも滑りやすいという課題が生じていた（弘進ゴム）．そこで，堀切川教授は従来の理論とは異なる，静摩擦と動摩擦の両方を高めることで耐滑性が飛躍的に向上することを解明し，新たな耐滑靴底開発を提案し，堀切川支援チームと弘進ゴムとの産学官連携で，Dr. ホッキーソール（耐滑底）を用いた厨房靴「シェフメイトグラスパー」を商品化した（弘進ゴム）（林 2020a）．このケースで堀切川教授は，従来から保有している専門知に加えて，課題解決の最適解となる新たな専門知も解明している．

② 堀切川教授の構想知提供による産学官連携での新製品開発

学都仙台発秀才文具パック

　2007年堀切川教授は，仙台市地域連携フェローは仙台市産業振興事業団非常勤職員の立場としての活動であるため大学教員としての専門知の提供にこだわらず，構想知（事業化へのアイデアや構想）を提供してもよいのではないかという考えから（林 2020a），地元の文具販売会社4社で作る仙台オフィスサプライ協

同組合からの要請による産学官連携で，堀切川教授が既存商品を活かす構想知を提供して，「学都仙台発秀才文具パック」の商品開発を行った（林・田辺2010）．堀切川教授によれば，この時，仙台市産業振興事業団非常勤職員としての活動の為，専門知の提供にこだわらず，構想知の提供のみでも産学官連携で地域中小企業が新製品を開発でき，その中小企業にとってプラスとなれば，地域産業振興の一助となるのではないかと考え，大きなターニングポイントになったそうである（林 2020a）．

新しい仙台名物料理「仙台づけ丼」

堀切川教授は大分での学会から帰路の大分空港で食したりゅうきゅう丼を参考に，づけたれのレシピを発案・企画し，魚種が多い南三陸で獲れる旬の白身魚のづけを酢飯にトッピングするという「仙台づけ丼」を仙台寿司業組合と商品化し，年間で3万4000色を突破するほどのヒット商品になった（林 2020a）．

2011年3月11日の東日本大震災により，仙台市内の寿司店は経営存続の危機に直面する中，仙台寿司業組合は約124店舗に対して，仙台づけ丼をメニュー化する了解を出し，寿司店の存続を応援し，東日本大震災復興を支援した（林 2020a）．この仙台づけ丼以外でも，2011年7月から堀切川支援チームは東日本大震災復興版として企業ニーズ等に対応した緊急対応として，震災復興かけこみ寺（企業相談）や域外への販路拡大等の出口戦略等を実施した（林 2011）．

（2）地域産学官連携スタイルとしての仙台堀切川モデルの横展開

仙台堀切川モデルの活動はさまざまに着目され，福島県，宮城県大崎市，山形県上山市，青森県へと横展開し，堀切川教授は各堀切川モデルの活動で連携先企業が必要な際には，別の堀切川モデルの活動地域の企業を紹介する等しており，堀切川モデルにおける仏域連携も展開している（林 2020a）

① 福島堀切川モデル

東日本大震災後も，堀切川支援チームは地域中小企業との産学官連携で新製品を開発していたところ，復興庁（2012）からの要請で，堀切川教授は2012年12月24日復興庁第6回復興推進委員会で「被災地の将来を見据えた地域産業復興支援」を報告したところ，出席していた福島県副知事（現福島県内堀知事）より直後に福島県への支援依頼があり，2013年1月から福島県での講演会や企業

訪問を開始し，同年 4 月「福島県地域産業復興支援アドバイザー」(2017年 4 月「福島県地域産業復興・創生アドバイザー」に名称変更) に就任した (林 2020a).

　福島県は広域なため，浜通り，中通り，会津の各地域の中小企業向けに，2013年 4 月から堀切川教授の産学官連携による支援や考え方を知ってもらう講演会「製品開発セミナー」を開催し (現在は県内で複数会開催した為に休止)，翌日にセミナー参加企業や希望する地域中小企業への「御用聞き型企業訪問」を行い，希望する中小企業と新製品を開発する取組を始め，堀切川教授と相談の上で「福島堀切川モデル」と命名し，公表した (林・田辺 2013). 活動当初，福島県では堀切川支援チームは核となる堀切川教授，サブアドバイザー，福島県担当者，販売支援員としての地元の株式会社山川印刷所社員に加え，福島県は広域なため，各地域で地元中小企業を熟知している産業支援機関が地元中小企業訪問の際に参画し，堀切川教授の指導後をサポートしていた (林 2020a). その後，一般社団法人福島県発明協会 (福島県知財総合支援窓口) が堀切川支援チームに参画し，御用聞き型企業訪問の際に特許出願や商標等の質問に，その場で即応している (林 2020a). 知事の指令の元，堀切川支援チームと地域中小企業の産学官連携による技術課題解決，新製品開発から販売までのトータルサポートを「ふくいろキラリプロジェクト」として継続展開し，楕円型ぐいのみ「A-DAEN」や抱きかかえ構造バイス「MARU-MARU」等の新製品を継続して開発し，山川印刷所が事務局機能を担い，活動開始から毎年度末に成果報告集を制作し，それは新製品を開発した地域中小企業の営業ツール機能も果たし (ふくいろキラリプロジェクト)，堀切川教授は下請け中心の中小企業へ，展示商談会に展示して自社の技術力を PR できるオリジナル製品の開発も提案している (林 2020a).

② 宮城おおさき堀切川モデル

　1964年，宮城県大崎市にアルプス電気株式会社古川工場 (現アルプスアルパイン株式会社) が進出したが，バブル崩壊後の1990年代に中国や ASEAN に生産拠点をシフトし，協力工場や下請け工場となっていた地域中小企業の受注量が激減した (天野 2003). その後，2010年特定非営利活動法人未来産業創造おおさきが発足し，加藤義徳統括コーディネーターが新製品創出等の地域中小企業支援を続け，2014年に「ものづくり課題解決研究会」を立ち上げ，堀切川教授にこの研究会の核になってほしいと依頼し，研究会開催に併せて研究会当日や翌日に堀切川教授，加藤統括コーディネーター，大崎市担当者等で地域中小企

業を訪問し，新製品開発等のアドバイスを行い，後は加藤統括コーディネーターがフォローする取組みが始まり，堀切川教授と相談の上，「宮城おおさき堀切川モデル」と命名し，公表した（林 2015）．堀切川教授と研究会メンバーで「看板自動振り分け器」を開発し，2015年度「おおさき産業フェア」で初のDr.ホッキー賞を研究会メンバー大研工業株式会社が「航空産業用計測治具」で，キョーユー株式会社が「雄勝の濡れ盃」で受賞している（林 2020a）．

　「特定非営利活動法人未来産業創造おおさき」が担ってきた事業を基盤とし，各産業支援機関との連携をより深めながら，大崎地域全体での内発的産業振興と地域経済を支える企業の持続的発展，雇用の拡大等を目的に，2023年12月「一般社団法人おおさき産業推進機構」が発足し，堀切川教授が理事長に就任され，2024年4月1日業務を本格始動した．今後，宮城おおさき堀切川モデルの新たな展開等が期待される（おおさき産業推進機構）．

③ 上山堀切川モデル

　堀切川モデルが福島県，宮城県大崎市へと横展開する中で，2016年山形県上山市商工課長が自治大学校で堀切川教授の講義を受講したことや，筆者がプロジェクトマネージャーとして企画開催した東北経済産業局主催「第4回ものづくりトップマネジメントセミナー in 上山」での堀切川教授の講演から，上山市では仙台堀切川モデルのような活動を行いたいと堀切川教授へ依頼し，2017年4月に堀切川教授は「上山市産業振興アドバイザー」に就任した（林 2020a）．

　同年6月1日，堀切川教授は上山麺類食堂組合との意見交換会を行い，翌日交流セミナーで講演し，堀切川教授との産学官連携による新製品開発や訪問指導による技術課題解決や試作等に興味のある企業を募り，堀切川教授と上山市商工課企業誘致推進室職員1名の計2名で企業訪問し，堀切川教授が地域中小企業との産学官連携により新製品開発を支援する活動を開始し，堀切川教授と相談の上，「上山堀切川モデル」と命名し，公表した（林 2020b）．上山市の人口は約3万人で，立地する企業数が限られている為，堀切川教授の訪問指導や産学官連携での新製品開発を希望する企業が限定され，同一企業を複数回訪問するケースが多く，堀切川教授の指導やネーミングのアドバイス等により，さくらんぼ種とり機「チェリースター」やドリンクホルダー「YOKOZUNA」が開発されるとともに，2019年度には地元の名物を作りたいと堀切川教授と上山麺類食堂組合と上山市内食品製造業者が連携して，地元産たくあん漬けと地元

産そばの実と大豆ミートで「上山そばたく」を開発した（林 2020a）.

④ 青森堀切川モデル

2019年度から，堀切川教授は出身地青森県の要請で，企業の課題を時間とお金をかけずに，地域企業との開発・実用化を達成する仙台堀切川モデルにおける企業支援手法を導入し，イノベーション・ネットワークあおもりの構成機関からの推薦で訪問先企業を決定し，堀切川教授と推薦機関と青森県商工労働部新産業創造課ものづくり技術振興グループで地域企業を訪問している．堀切川教授と地域中小企業との産学官連携により新製品等を開発しており，堀切川教授と相談の上で，これらを「青森堀切川モデル」と命名し，公表した（林 2022）.

（3）各地域の堀切川モデルの仕組みのちがい

各堀切川モデルでは，各地域の産業構造の差異等からモデルの仕組みには違いがあり，図1-3に示す通りである．なお，市場経済の変容等に伴い，各堀切川モデルにおいても，堀切川教授が担う役割名称の変更や産業支援機関の変更等，現在進行形でさまざまに変化している.

（4）堀切川モデルが地域中小企業と多数の新製品を開発できている要因

堀切川支援チームが産学官連携で地域中小企業と多数の新製品を開発できている要因について，いくつかパターン化して考察する.

① 各堀切川モデル共通の要因

各堀切川モデルの仕組みは，図1-3に示すように，仙台堀切川モデルを参考にしながらも，各地域の産業構造や活動エリア等を勘案し，堀切川支援チームの編成は地域により異なっているが，堀切川支援チームと地域中小企業が共に新製品開発チームとなって，新製品を開発していることがまず要因であると考えられる（林 2020a, 2023）．堀切川支援チームと地域中小企業が連携しての新製品開発チームは，エドモンドソン（邦訳 2014）がイノベーション創出等において一時的なチームを組んで取り組むことは学習しながら実行する組織であり，チーミングは協働と論じていることに共通するのではないだろうか.

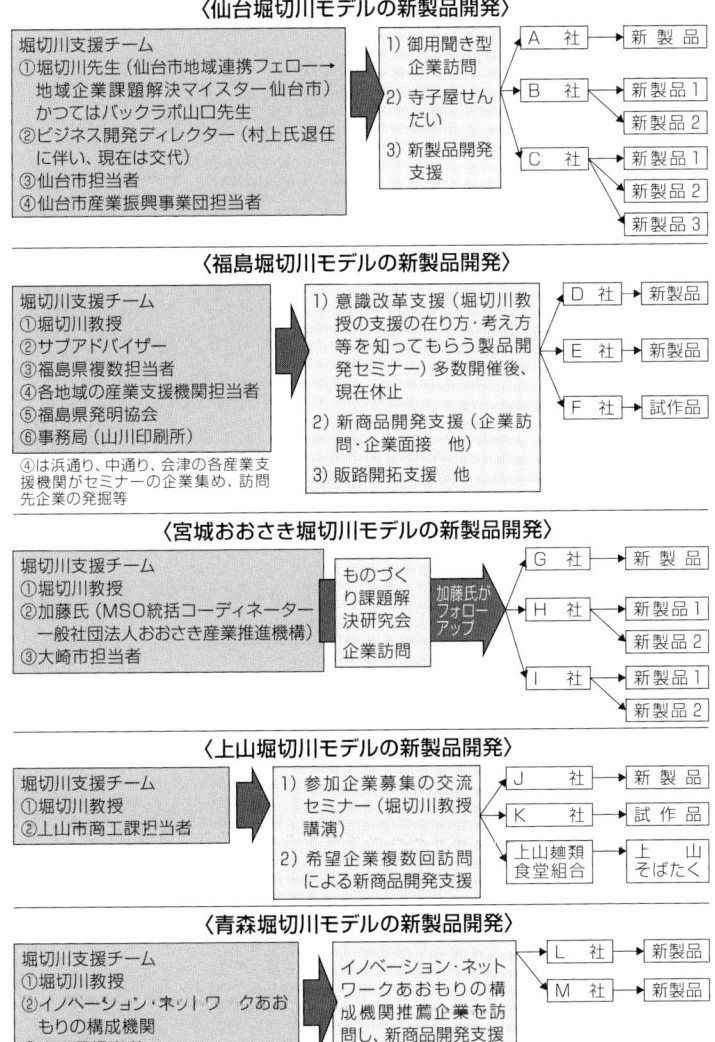

図 1 - 3　5 つの堀切川モデルの仕組みの差異

出所）林聖子（2020a）,「中小企業のイノベーション創出を支援する堀切川モデルによる地域産業振興」,『都市創造学研究』, 4, pp. 87-105, 林聖子（2022）,「中小企業と継続的にイノベーションを創出している堀切川モデル」,『研究・イノベーション学会第37回年次学術大会講演要旨集』, pp. 373-376. より筆者作成.

② 堀切川教授特有のフィロソフィーと価値観

　堀切川教授が各堀切川モデルの活動で果たしている役割は，希望する地域中小企業との新製品等開発に大学教員とし保有している専門知と，新製品開発の豊富な経験から培われた構想知を提供していることである（林 2020a）.

　堀切川教授は，専門知と構想知の提供による企業との産学官連携で264件もの新製品・新材料開発という実績をあげている（林 2023）.

　堀切川教授は，次のような徹底したフィロソフィーと価値観を長年の地域中小企業との産学官連携による新製品開発等を通して保有している．① 地域中小企業のニーズ主体の新製品等開発であること，② 新製品等開発にお金（特に競争的資金）と時間をかけないこと，③ ミニマム目標を設定し，一刻も早く上市し，市場からのニーズを製品改良や次の製品等開発へフィードバックすることで中小企業が目標を達成できたという自信につながり，オーバースペック防止にもつながること，④ 新製品等開発の早期にネーミングすることでチーム一丸でのモチベーションがあがること，⑤ 無料技術相談，⑥ 堀切川モデルの活動における堀切川教授が生み出した知的財産は大学の機関帰属とせず，企業帰属とすること，⑦ 堀切川モデルの活動が地域産業振興へ寄与すること，等の徹底したフィロソフィーと価値観により，産学官連携により新製品等を継続して創出している（林 2022）.

③ 堀切川モデルにおける心理的安全性

　堀切川支援チームと地域中小企業で構成される新製品等開発チームは，上司と部下ではなく，フラットな関係性でコミュニケーションし，上司に気兼ねして発言を控える必要もなく，対人関係の不安もなく，通常の産学官連携のように企業側の受託研究費等も不要で費用面での心配もないことは，筆者の複数回の堀切川モデルの御用聞き型企業訪問への同行や技術相談への同席を通して確認している（林 2023）．まさに，エドモンドソン（邦訳 2021）が提唱する心理的安全性が担保されていると見受けられ，それは堀切川モデルの活動における多数の新製品を開発，すなわち，継続的なイノベーション創出の要因の１つになっていると考えらえる.

　堀切川教授のフィロソフィーは，堀切川支援チームと地域中小企業から構成される新製品開発チームが対等で高いモチベーションを維持している為，メンバーが気持ちよく取り組めていると見受けられ，アマビールとクレイマー（邦

訳 2017）が感情，認識，モチベーションが人間であることを示す要素であり，その 3 要素の相互作用「インナーワークライフ」を向上させることが，組織と個人の創造性や生産性を高めるために最も効果的であると論じていることと同じなのではないかとも考えられる（林 2023）.

おわりに

以上のように，本章では研究・イノベーション学会の概要と活動を紹介し，イノベーション研究の動向として，イノベーションの定義，イノベーションの重要性と本章の狙い，イノベーション研究の流れと主なイノベーション理論を整理し，イノベーション創出のための政策として科学技術基本法（現：科学技術・イノベーション基本法）とクラスター政策に触れた上で，連携によるイノベーション創出の事例として地域産学官連携スタイルとしての堀切川モデルを紹介し，中小企業との連携で多数の新製品を開発できている要因を考察し，イノベーション創出への研究・イノベーション学会の活動と地域産学官連携スタイル堀切川モデルの果たす役割の重要性等を検討した.

コロナ禍以降，イノベーションを取り巻く状況の変容スピードが加速し，社会が急激に変化し，複雑化している現在，イノベーションを創出するには 1 人・1 社・1 組織での取り組みには限界があり，周辺も含めた多数の知識や事象や政策等の知識が必要となっている．それゆえ，研究・イノベーション学会が分科会・支部活動・年次学術大会・シンポジウム・学会誌・他学会等との連携等の活動を通して，研究開発とイノベーションというコア領域はもとより，タイムリーに今，知っておくべき産学官の周辺領域の情報提供やさまざまな対話やディスカッション等を通して学べる場や機会を頻繁に提供していることは，イノベーション研究の促進やイノベーションの実現に寄与する可能性のある知の融合等が行われており，本学会の各種活動がイノベーション創出に果たす役割は重要であると考えられる.

また，1 社等単独でのイノベーション創出が難しい現在，大企業が産学官連携やオープンイノベーション等の各種連携によりイノベーションを創出することに加え，我が国企業の99.7％を占める中小企業（中小企業庁 2024）が産学官連携により，イノベーションを継続して創出することが期待されている．堀切川教授と地域中小企業との産学官連携を通してイノベーションを創出する堀切川

モデルの取り組みは，堀切川教授のフィロソフィーや価値観，チームの心理的安全性等が好循環となって，新製品等のイノベーションを継続的に創出できており，まさに，地域産学官連携スタイルになっていると考えられる．

　以上のように，特にコロナ禍後において，不確実性が高く，社会変容が激しく，新たな考え方や新たなシステムや新たな実践等が必須となっている現在において，新たな価値を生み出すイノベーションの重要性は高まっている．そのような中で，イノベーション創出には研究・イノベーション学会の活動や地域産学官連携スタイル堀切川モデルの活動等が重要な役割を果たし，貢献していると考えられる．

参考文献

Acs, Z, J. and Audretsch, D. B. (1990), *Innovation and Small Firms*, MIT Press.

Amabile, T. and Kramer, S. (2011), *The Progress Principle*, Harvard Business Review Press（中竹竜二監訳・樋口武志訳『マネジャーの最も大切な仕事』，英治出版，2017年）.

天野倫文 (2003), 「海外生産シフトと地域生産組織の再編——アルプス電気の事業戦略と下請け組織への影響——」, 『経営研究所論集』, 26, pp. 145-173.

Chesbrough, H. W. (2003), *Open Innovation*, Harvard Business School（大前恵一朗訳『OPEN INNOVATION』，産業能率大学出版部，2004年）.

Christensen, C. M. (1997), *The Innovator's Dilemma*, Harvard Business School Press.（玉田俊平太監修・伊豆原弓訳『イノベーションのジレンマ　増補改訂版』，翔泳社，2001年）.

中小企業庁 (2009), 『2009年版中小企業白書』, 経済産業調査会.

Drucker, P. F. (1954), *The Plactice of Management*, Harper & Brothers Pub.（上田惇生訳『現代の経営　新訳 上下』，ダイヤモンド社，1996年）.

Edmondson, Amy C. (2012), *TEAMING*, John Wiley & Sons.（野津智子訳『チームが機能するとはどういうことか』，英治出版，2014年）.

──── (2019), *The Fearless Organization*, John Wiley & Sons.（野津智子訳『恐れのない組織』，英治出版，2021年）.

林聖子 (2006), 「仙台堀切川モデルの成功シナリオに学ぶ産業支援機関の産学連携による地域振興」, 『産学連携学会第4回大会講演予稿集』, pp. 18-19.

──── (2011), 「仙台堀切川モデルの震災復興版支援活動について」, 『産学連携学』, 8 (1), pp. 23-28.

──── (2015), 「地域中小企業振興を促進する宮城おおさき堀切川モデル」, 『産学連携

学会第13回大会講演予稿集』, pp. 131-132.

─── (2020a), 「中小企業のイノベーション創出を支援する堀切川モデルによる地域産業振興」, 『都市創造学研究』, 4, pp. 87-105.

─── (2020b), 「上山堀切川モデルによる地域産業振興」, 『産学官連携ジャーナル』, 16(2), pp. 19-22.

─── (2022), 「中小企業と継続的にイノベーションを創出している堀切川モデル」, 『研究・イノベーション学会第37回年次学術大会講演要旨集』, pp. 373-376.

─── (2023), 「中小企業と産学連携でイノベーションを創出している堀切川モデルの発展要因」, 『研究・イノベーション学会第38回年次学術大会講演要旨集』, pp. 106-109.

林聖子・堀切川一男 (2007), 「仙台堀切川モデルの発展要因となる新たなる制度設計」, 『産学連携学会第5回大会予稿集』, pp. 152-153.

林聖子・田辺孝二 (2010), 「地域中小企業のイノベーション創出を促進する仙台堀切川モデルの考察」, 『産学連携学』, 7(1), pp. 31-41.

─── (2013), 「震災復興支援のための福島堀切川モデル」, 『研究・技術計画学会第28回年次学術大会講演要旨集』, pp. 639-642.

一橋大学イノベーション研究センター編著 (2022), 『イノベーション・マネジメント入門 (新装版) 3版』, 日経BP・日本経済新聞出版.

堀切川一男 (2002), 『プロジェクト摩擦 tribologist──「米ぬか」でつくった驚異の新素材──』, 講談社.

入山章栄 (2019), 『世界標準の経営理論』, ダイヤモンド社.

March, J. G. (1991), Exploration and exploitation in organizational learning, *Organization Science*, 2, pp. 71-81.

宮崎久美子編著 (2017), 『技術経営の考え方　新訂』, 放送大学教育振興会.

Moore, Geoffrey A. (1991), *Crossing the Chasm Revised,* Harper Collins. (川又政治訳『キャズム』, 翔泳社, 2002年).

North, D. et al. (2001), "Public Sector Support for Innovating SMEs," *Small Business Economics,* 16(4), 303-317.

岡室博之 (2009), 『技術連携の経済分析──中小企業の企業間共同研究開発と産学官連携──』, 同友館.

オープンイノベーション協議会, 国立研究開発法人新エネルギー・産業技術総合開発機構編 (2016), 『オープンイノベーション白書 初版』.

O'Reilly, C. A. and Tushman, M. L. (2016), *Lead and Disrupt : How to Solve the Innovator's Dilemma,* Stanford Business Books (入山章栄監訳『両利きの経営　増補改訂版』, 東洋経済新報社, 2022年).

長内厚・水野由香里・中本龍市・鈴木信貴（2021），『イノベーション・マネジメント』，中央経済社.

Rogers, E. M.（1995），*Diffiusion of Innovations (5th ed)*, Free Press.（三藤利雄訳『イノベーションの普及』，翔泳社，2007年）.

Schumpeter, J. A.（1934），*The Theory of Economic Development*, Harvard University Press（塩野谷祐一他訳『経済発展の理論：企業者利潤・資本・信用・利子および景気の開店に関する一研究』，岩波書店，1977年）.

清水洋（2022），『イノベーション』，有斐閣.

Utterback, J. M. and Abaernathy, W. J.（1975），"A Dynamic Model of Process and Product Innovation", *Omega*, 3(6), pp. 639-656.

Utterback, J. M.（1994），*Mastterring the Dynamics of Innovation*, Harvard Business School Press（大津正和・小川進訳『イノベーション・ダイナミクス——事例から学ぶ技術戦略——』，有斐閣，1998年）.

　なお，以下のホームページからの参照は紙面の都合上，URL の記載を省略した：中小企業庁（2024），ふくいろキラリプロジェクト制作物，復興庁（2012），経済産業省 産業クラスター政策，研究・イノベーション学会，弘進ゴム，文部科学省 知的クラスター創成事業，内閣府 科学技術基本法，科学技術・イノベーション基本法，中村商店，おおさき産業振興機構，仙台市産業振興事業団，衆議院

第2章

社会情報学における方法論的イノベーション
——ポスト・ヒューマニティ課題解決のためのイノベーション——

社会情報学会　遠藤　薫

1　社会情報学会とイノベーション

　20世紀後半に始まった「情報社会」は21世紀に入ってより高度なレベルに達した．社会情報学会は，この大変化にいち早く対応するべく，インターネットがようやく普及し始めた1996年に活動を開始し，「社会情報」という世界にも例のない新たな概念を構築し，「情報」という形のない財とそれを処理する技術の発展が，社会とどのように相互作用するかを探究してきた．社会情報学会は，自然科学と人文学・社会科学をまたぐ新たな枠組みを社会に提供し，社会の諸問題の解決や，新たな社会的価値の創造について積極的に社会に発信する，本質的にイノベーティブな学会である．

　この性質から，社会情報学会は，学会誌『社会情報学』（online）を年に3回発行し，さらに英文誌 *Journal of Socio-Informatics*（online）を年1回発行している．毎号，時代の先端の問題に挑戦する充実した論文群が掲載されている．例えば，近年学会から表彰された「人間は『人工知能』と『協力』できるか」（後藤 2023），「デジタル時代における「編集の自由」の保障とそのあり方」（上田 2022），「企業の透明性志向が株主総会開催日の分散に与える影響」（記虎 2021），「災後・災間におけるコミュニティ放送による記憶の継承」（金山 2020）など，いずれも DX を用いた社会のイノベーション（価値創造）に大きく貢献する成果である．

　これらの論文も対象としているように，近年では，人工知能（AI）技術や，世界のあらゆるモノが常時相互にネット接続される IoT（Internet of Things：モノのインターネット）技術が，すでに深くわれわれの生活に浸透している．2022年末に発表された ChatGPT は世界に大きな衝撃を与え，社会は新たなパラダイムシフトに直面している．

　2024年に発表された，世界経済フォーラムによるグローバルリスクの短期・

長期的な重要度ランキングによれば，「誤情報・偽情報」，「サイバー犯罪・サイバーセキュリティ」，「AI 技術がもたらす悪影響」などがランクインしている．これらは，まさに社会情報学会が標的とする問題群である．

　これらの問題を解決するために，社会情報学会では，分析及びモデリングの方法論のイノベーションにも取り組んでいる．発足当初から，社会情報学会では，システム・ダイナミクスや社会シミュレーションなどを活用してきたが，近年では，人々の自発的な情報行動やコミュニケーションなどをデジタルに記録・蓄積した大規模社会データの活用や，仮想空間上での社会実験なども取り入れ，エビデンスに基づく高度な政策決定を図っている．その手法は，社会のハード的な諸問題（エネルギー管理，都市計画など）だけでなく，近年社会問題化している，社会の分断，社会関係資本の弱体化，不寛容化など，個人的感情や社会規範，世論などの形成過程の解明に新たな可能性を開くのである．

　本章では，これらのイノベーションも援用しつつ，ポスト・ヒューマンの時代を見据えた社会を解明する具としての科学と，社会の動態とが入れ子状になった超情報社会を，社会情報学の立場から考察する．

2　超情報社会としての現代とその諸課題

（1）シンギュラリティ（技術的特異点）

　超情報社会としての現代については，さまざまな視点から論じられている．未来学者のカーツワイルは，2005年に発表されるや世界的な話題となった「シンギュラリティ」という概念を提示した．彼によれば，シンギュラリティとは，「テクノロジーが急速に変化し，それにより甚大な影響がもたらされ，人間の生活が後戻りできないほどに変容してしまうような，来るべき未来のことだ．それは理想郷でも地獄でもないが，ビジネス・モデルや，死をも含めた人間のライフサイクルといった，人生の意味を考えるうえでよりどころとしている概念が，このとき，すっかり変容してしまうのである」（Kurzweil 2005=2007: 16）．

（2）Industory 4.0あるいは Society 5.0

　カーツワイルの議論は，やや空想的に聞こえる．しかし，技術の加速度的進化を積極的に取り込もうとする産業政策は，今日，世界規模で現実をかえつつある．2011年にドイツ政府が発表した Industory 4.0（第 4 次産業革命）は，「サ

イバーフィジカルシステム（Cyber-Phisical System：CPS）」（現実空間にある多様な
データを，IoT（モノのインターネット）や IoH（ヒトのインターネット）などを介したセ
ンサーネットワーク等で収集し，サイバー空間で大規模データ処理技術・AI 等を駆使して
分析を行い，得られた情報や価値によって，産業の活性化や社会問題の解決を図っていくシ
ステム）をベースとした未来社会を目指すものである．

　日本では，内閣府が2016年に発表した「第5期科学技術基本計画」で「サイ
バー空間とフィジカル空間を高度に融合させたシステムにより，経済発展と社
会的課題の解決を両立する人間中心の社会」として「Society 5.0」を提唱した．
さらに2021年「第6期科学技術・イノベーション基本計画」では，「持続可能
性と強靱性を備え，国民の安全と安心を確保するとともに，一人ひとりが多様
な幸せ（well-being）を実現できる社会」とされている．

（3）スマートシティの事例──Google City：IDEA

　このコンセプトを実際に具体化しようとする試みも世界中で始まっている．
なかでも先駆的であったのは，カナダのトロント市で進められた，Alphabet
傘下の Sidewalk Labs（SWL）によるウォーターフロント開発計画 IDEA で
あった．IDEA のマスタープランには，国を問わず，現代社会を悩ませている
雇用の不足，経済停滞，貧富の差の拡大，環境問題などの解決が謳われた．
IDEA という名は，「Innovative Development and Economic Acceleration（革
新的開発と経済促進）」の頭文字をとったものである．

　しかしこの計画は，住民たちから大きな反発を受け，頓挫した．IDEA を可
能にするのは，徹底的なデータ収集である．「街中にセンサーが設置され，住
民の行動はすべて記録に残される．公園でどのベンチに座ったか，道を横切る
際にどれだけの時間がかかったかまで追跡される」．住民たちはこのような生
活環境におかれることは，「実験室のモルモット（Lab rats）のよう」であり，
「民間企業がどのようにして，これだけのデータを管理していくのかという懸
念の声が，国内外から上がっている．しかもこの場合，その企業は売上高の大
半を広告事業から得ているのだ」と批判している．

　たしかにそれは究極の監視社会，フーコーのいう「生権力」（出生・死亡率の
統制，公衆衛生，住民の健康への配慮などの形で，生そのものの管理をめざす権力）が発
動する世界となる恐れがある．

　この批判を受けて，2020年5月，SWL は撤退を決定した．ただし，2022年，

新たに「キーサイド2.0」プロジェクトが発表された．新計画では，失敗からの反省に基づき，「自然への回帰」が謳われている．

　このような未来社会デザインにおいて，社会情報学と計算社会科学が不可欠な役割を果たすことは明らかである．Society 5.0の立案に有効であるばかりでなく，その問題点の解決にも有効であることが重要である．

3　日常としてのサイバー・フィジカル空間（間メディア）

（1）日常生活にすでに浸透したサイバー空間
　第2節で述べた未来都市において大きな問題になったのは，各種センサーによって収集される個人の行動データやソーシャルメディアを介した相互行為データの集積―ビッグデータである．

　しかし，未来ではなく，現在この時点ですでに，われわれは張り巡らされたネットワークを介して生活している．ビジネスや日常的なコミュニケーションは，電話ですらなく，メールやソーシャルメディアによって行われるのが一般的になってしまった．ニュースなど社会に関する情報を媒介するのも，既存の紙媒体や電波から，ネットへとシフトしつつある（図2-1）．この動向は，われわれの生きる空間がすでにサイバー・フィジカル―遠藤（2004）によれば「間メディア」（ソーシャルメディアとマスメディアと対面コミュニケーションが相互浸透，相互作用し合う空間）になっていることを示す．

（2）間メディア社会で頻発する問題現象
　ソーシャルメディアが重要なメディアになるにつれて，そこから発信―受信される情報が社会に大きな影響を与えるようになる．しかし，その情報の質については，既存マスメディアに比べて必ずしも高いとはいえない．ソーシャルメディアの情報は，正確性や客観性に関してきわめて低く評価されており，「偏った意見」や「誤情報，虚偽情報」が多いと認知されている．また，誹謗中傷や詐欺，プライバシー侵害などの問題も多く報告されている．

（3）サイバー空間は民主主義を破壊するのか
　ソーシャルメディア上でなぜこうした問題投稿が多く観察されるのか．
Sunstein（2017）は，ソーシャルメディアから個人が得る情報は，「デイ

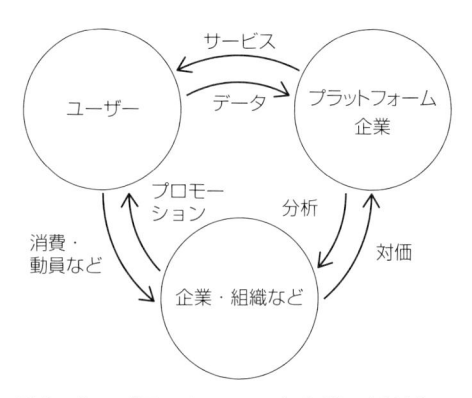

図 2-1　プラットフォーム企業のビジネス
　　　　モデル

出所）筆者作成.

リー・ミー」（自分専用に特化された情報パッケージ）になっており，その結果，人びとの社会認知は分断され，クリティカルな集団分極化が起こると指摘している.「エコーチェンバー」「フィルターバブル」といった概念も，ソーシャルメディア社会において，人びとがあらかじめ自分の選好にあった情報だけを選択的に受容することから起こると指摘している.　この選択的情報接触はプラットフォームによるアルゴリズムの適用やハッシュタグの頻用によって促進されていると考えられる.　もっともこのような現象はマスメディアが主要な社会的情報源だった時代にも存在した.　ソーシャルメディアはその現象をさらに大きく加速したといえる.

　分極化が引き起こす重大な問題は，民主主義の前提としての合意形成過程—異なる意見を持つ人びとによる討議を経た社会的意思決定が困難化する点にある.　その結果，言論ではなく，暴動やテロによって，政策への介入をはかろうとする動きが増大しているとも考えられる.

（4）社会的行為のオンライン化

　コミュニケーションだけでなく，他の社会的行為も，いまやサイバー空間で行われることが当たり前になっている.

　まだネット利用が草創期にあった1998年,「まちこ」というオンラインモールが実験的にオープンされた.「まちこ」は三次元の仮想空間を，アバターと

なって巡り，買い物をするという先進的なシステムだったが，出店の数も会員の数も僅かだった．当時は「日本人は通販が嫌い」と言われていた．

　しかし，通信技術の向上とともに，オンラインショップの利用者はぐんぐん伸びてきた．総務省『情報通信白書』によれば，ネットショッピングを利用する二人以上の世帯は，2002年には5.3%であったものが，2022年には52.7%に増えた．また，世帯あたりのネットショッピングによる月刊支出額は，2002年の2万1102円が，2022年には3万9443円に増えている．

　コロナ禍以降，対人コミュニケーションがオンラインで行われることも急増した．ネット空間もリアル空間と変わらない日常となったのかもしれない．

（5）「アルゴリズム」という問題

　このように，われわれの社会的行為の多くは，常時ネット接続され，記録されている．それはフロンティアであると同時に，リスクでもある．

　サンスティーンは，「商品やサービスの提供業者は大規模なデータセット（「ビッグデータ」）の助けを借りて，あなたもしくはあなたに似た人の好みの傾向を知ることが，ますます容易になっている．いまは多くの業者が高度な自動性を提供している（Sunstein 2015=2017: 5）」と指摘し，提供される「デフォルト・ルール」が，「選択しないという選択」を提供する「ナッジ」として機能すると述べる．ナッジは，複雑化する社会において個人にかかる選択の負荷を軽減し，効率的に適切な選択肢をカスタマイズしてくれる可能性がある．

　その一方，サンスティーン自身も言及しているように，このような「デフォルト・ルール」いいかえれば「アルゴリズム」が，ユーザーのプライバシーや「選択の自由」を侵害しないとは保障できない．むしろ，オニールが「数学的破壊兵器」と呼ぶように，設計者の先入観や誤解，既存社会の因習的な価値観が紛れ込んだり，ロジックの誤りによる不適切な評価とその再帰的拡大を引き起こしたりするおそれがある．また消費者個人や有権者個人を標的にする「マイクロターゲティング」の動きも急速に拡大しており，適正な市場競争や民主主義の基盤である選挙制度を無効化すると危惧される．

（6）誰がコントロールするのか

　マイクロターゲティングについては，各国政府も，経済，政治の両面で，強い危機感を抱いている．ソーシャルメディア上の膨大なデータ──ビッグデー

タを蓄積しているのは，プラットフォームと呼ばれるオンラインのサービス事業者である．Microsoft, Apple, Alphabet, Meta, Amazon などが代表的である．2024年 5 月22日時点での時価総額世界ランキング上位10社のうち， 6 社がデジタルプラットフォーム企業である（**表 2 - 1**）．

　プラットフォーム企業は，一方で，ユーザーに検索サービスやコミュニケーションサービスを提供することで膨大な個人レベルの社会行為データ（ビッグデータ）を収集・蓄積し，その分析結果に基づいたマーケティング技法をクライアント企業に提供し，そこから大きな利益を上げるというビジネス・モデル（**図 2 - 1**）を実践している．

　このモデルをパーカーは「コミュニティ・フィードバック・ループ」と呼ぶ．それはある意味，無料サービスを動力として，ユーザーを消費・動員へ誘導するものであり，ビジネスの公正性を保障するには，そのメカニズムを透明化する必要がある．また，プラットフォーム企業は，コミュニケーション・サービスの特徴として占有率が大きいほどサービスの便益が向上するため，ユーザーの利用は上位企業に集中する傾向があり，しかも，それがコミュニケーションなど個人にとって重要な社会行為の基盤であることから，依存度は加速的に増大する．その結果，いまや，グローバル世界の社会的権力は，プラットフォーム企業へと大きく移動しつつある．

表 2 - 1　2024年 5 月22日時価総額世界ランキング

順位	銘柄名	時価総額（百万ドル）	業　種
1	マイクロソフト	3,199,756.29	プラットフォーム
2	アップル	2,927,276.25	プラットフォーム
3	エヌビディア	2,335,612.57	半導体
4	アマゾン・ドット・コム	1,905,765.68	プラットフォーム
5	アルファベット A	1,036,056.12	プラットノォーム
6	メタ・プラットフォームズ A	1,025,114.72	プラットフォーム
7	アルファベット C	1,001,780.93	プラットフォーム
8	イーライリリー	763,089.99	製薬
9	ブロードコム	645,193.58	半導体
10	テスラ	574,406.12	電気自動車

出所）日本経済新聞・時価総額上位［全市場］（2024年 5 月24日 6 時46分更新）（http://www.nikkei.com/marketdata/ranking-us/market-cap-high）のデータをもとに筆者作成．

　このような動向を危惧する国家は多い．例えば，EU はいち早く対応に取り組んだ．欧州委員会は，2015年5月，「欧州デジタル単一市場戦略」(COM (2015) 192 final) を策定した．2018年4月には，オンラインプラットフォームの貢献を認めつつも，「オンライン仲介サービスのビジネス利用者のための公平性及び透明性向上に関する規則案」(COM (2018) 238) を公表した (2019年7月11日公布)．ただし，このような規制に対しては批判も多い．

4　オンラインコミュニケーションの諸問題とその分析
——人間の非合理性と「正しさ」の根拠——

（1）ビッグデータが明らかにすること

　プラットフォーム・ビジネスの，そして計算社会科学の大きな柱の1つは，ビッグデータを用いた分析である．

　サルガニクは，ビッグデータとして Twitter (現 X) などから得られるオンライン行動データ，センサーによって収集されるフィジカルな行動データだけでなく，人口統計記録などの政府行政記録を挙げている．また彼は，ビッグデータと伝統的な社会調査とはデータの性質が異なるため，研究の目的に応じて使い分けるべきだと論じている．ビッグデータの利点として，① データが巨大であるため僅かな差異も研究可能であること，② 常時 ON であるため予期せぬ出来事の研究やリアルタイム測定を可能にすること，③ 測定が被験者の行動を変化させないという非反応性を持つこと，を挙げ，デメリットとしては，① 必ずしも必要な情報を含んでいないという不完全性，② 政府や企業の所有するデータに研究者はアクセス困難であるというアクセス不能性，③ 非代表性データであること，④ 測定法が変化 (ドリフト) すること，⑤ アルゴリズムによる交絡があること，⑥ ジャンクやスパムによって汚染されている可能性が大きいこと，⑦ 企業や政府の持つ情報にはセンシティブな情報が含まれている，などを挙げている (Salganik 2018).

　ただし，いずれにせよ，ビッグデータは万能ではない．従来の社会調査法とは異なる特性と異なる適用領域を持つ新たな方法論である．

（2）テキストマイニングが明らかにすること

　SNS 上での発話データなどを分析する新たな手法として，「テキストマイニ

ング」——文字列を対象としたデータマイニングがある．文章に含まれる単語や文節の出現頻度や共出現の相関，出現傾向，時系列変化などを解析する．

　本節では，現代社会を端的に象徴するトランプ米前大統領のツイートについて分析を行ってみる．対象とするデータは2019年10月31日〜11月19日にトランプ氏が投稿した601件（8万8149文字，1万3989語）である．

　分析結果を以下に示す．**表2-2**は高出現頻度の単語のリストである．「rt」や「http」が多いのは，彼の Tweet に，Retweet が多いことを示している．また，「president」「realdonaldtrump（トランプ氏のアカウント名）」「Trump」など自己言及も多い．また，形容詞では，「great」「new」「big」などポジティブな強調形容詞が上位を占める．ただし，「fake」「corrupt」などの否定的な形容詞もあるが，これらは氏への批判への反論に使われていると考えられる．

　このような単語の頻出度や相互性をビジュアル化する方法として，「ワードクラウド」がある．これは，文章中で出現頻度が高い単語を選び出し，それらを頻度に応じた大きさで図示する手法である．本節の分析対象であるトランプ

表2-2　高出現頻度の単語

名詞	出現頻度	動詞	出現頻度	形容詞	出現頻度
rt	290	get	61	great	98
http	198	go	36	new	57
president	96	want	34	big	31
democrat	87	say	32	republican	30
amp	83	know	32	fake	29
realdonaldtrump	77	thank	28	good	23
impeachment	73	make	28	american	19
trump	45	see	28	corrupt	16
vote	41	don	23	ukrainian	15
whistleblower	40	come	23	high	15
people	40	call	19	radical	14
schiff	35	take	19	bad	13
governor	34	leave	18	many	13
Call	34	win	18	low	12
Job	32	read	18	strong	11

出所）筆者作成.

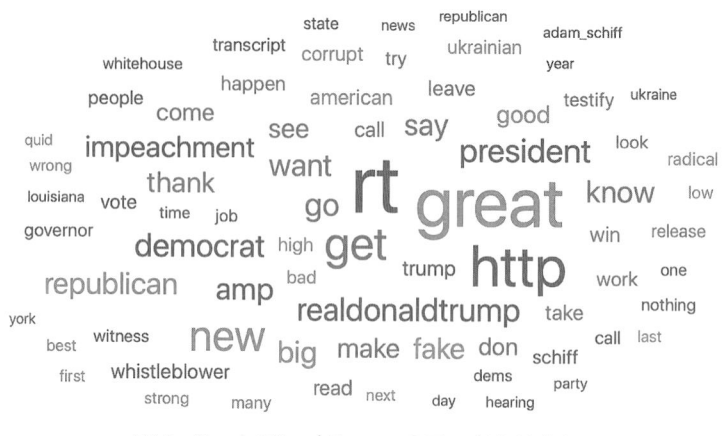

図 2 - 2　トランプ Tweet のワードクラウド

出所）筆者作成.

氏のツイートデータをワードクラウドとして可視化した結果が**図 2 - 2**である.

　また，「出現パターンの似通った語，すなわち共起の程度が強い語を線で結んだネットワーク」（樋口 2014：155）を「共起ネットワーク」と呼ぶ．同じ Tweet データの共起ネットワークが**図 2 - 3**である.

　一方，対象としたこれらのデータに対する反応はどうだろうか．**表 2 - 3**は，「like」の数による上位10件のリストである．1 位が弾劾裁判に対する怒り，2 位が ISIS，3 位が民主党の政治家ベトに対する批判，4 位がメキシコ批判，5 位が自分に対する「魔女狩り」批判，6 位は長男による民主党告発の本への賛辞，7 位は「退役軍人の日」への祝辞，8 位は株式市場の好況を自身の手柄と自賛するもの，9 位は息子の本の売れ行きが良いことを喜ぶもの，10位は大学アメフトリーグの試合を祝福するものである．いずれも，政治家的な視点というよりは，彼自身の感情がはっきりと映し出されたものといえる.

　こうした分析から見えてくるのは，トランプ氏とその支持者たちの感情共同体とでもいうべき様相である．まるで，トランプ氏が語り続ける言葉の熱気に応じて，オーディエンスが激しく共振しているように観察されるのである.

（3）合理性を超える情動

　伝統的に社会科学では人間を「合理的意思決定者」としてモデル化してきた．合理的選択理論はシミュレーションでもそれを前提するものが多かった．しか

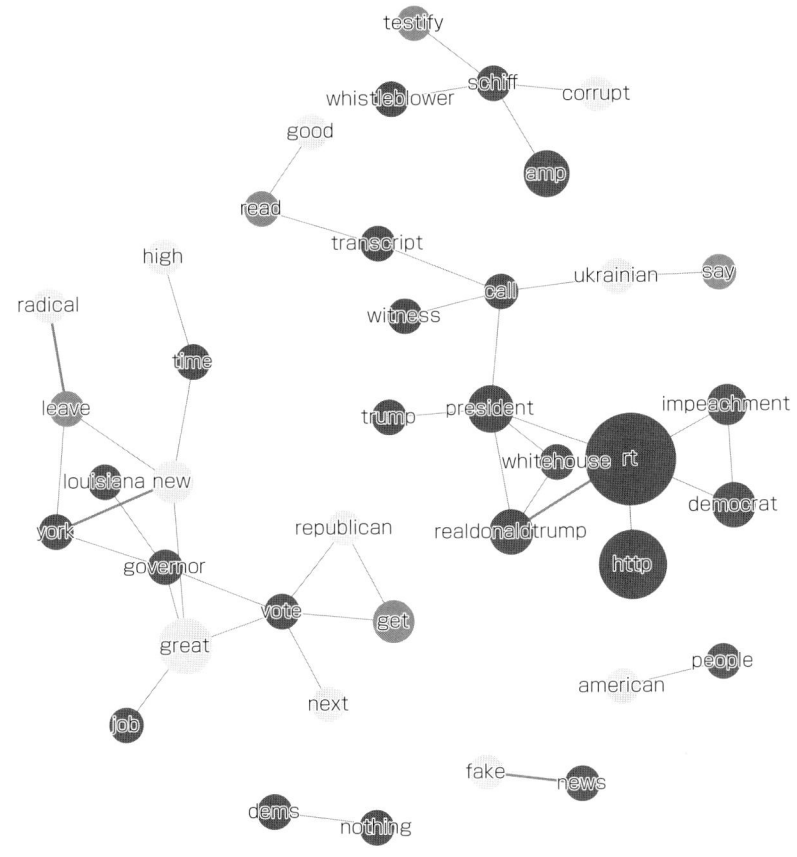

図2-3 トランプTweetの共起ネットワーク

出所）筆者作成.

し近年，合理性を前提にするだけでは現実を表現することは難しいとの認識が広まりつつある．合理的選択理論のエルスターも，個人は選択にあたって感情や嗜癖や文化などの要因を考慮すると論じている．

またバーマンは「科学的・唯物論的で，生産性と能率性を中心に組織された社会．その論理的帰結点はすべてが単なるものと化した，画一化された」（Berman 1981=2019: 328）近代という社会モデルの「再魔術化」を論じている．ただし，その移行の過程で「現在おびただしい数の右翼カルトによって行われている精神の植民地化」（ibid : 352）が起こるとも述べ，「「ヒットラーは，聴衆

表 2 - 3　「like」の多くついた Tweet

投　稿	日付	RT 数	like 数
何も悪いことをしていない人物を弾劾することはできない	2020/11/ 1	52,316	287,061
ISIS には新しいリーダーがいる．その正体ははっきりしている！	2020/11/ 1	42,212	243,303
ベトは「このために生まれてきた」と言っていたのに，大統領選から降りた．私はそうは思わない！	2020/11/ 1	34,394	193,536
今こそメキシコはアメリカの助けを借りて，麻薬カルテルに戦争を仕掛け，地球上から彼らを一掃する時だ．我々は，偉大な新大統領からの連絡を待っているだけだ！	2020/11/ 5	48,121	193,525
アメリカ史上最大の魔女狩り	2020/10/31	37,849	181,124
息子のドナルドの新刊『トリガー』を読み終えた．本当にいい本だ！彼は，私たち多くの人間とともに，非常に不当な扱いを受けてきた．しかし，私たちは皆反撃し，必ず勝利する！	2020/11/ 9	31,848	177,054
退役軍人の日おめでとう！	2020/11/11	30,829	169,182
株式市場（3 つとも）は昨日，史上最高値を更新した！私が社長で本当にラッキーだ（冗談だよ！）．お金を大切に使おう！	2020/11/ 6	31,179	168,440
すごい！息子の本『Triggered』がニューヨーク・タイムズのベストセラー・リストで 1 位になったと聞いた．おめでとう，ドン！	2020/11/14	26,908	163,741
LSU とアラバマ，素晴らしい試合をありがとう！	2020/11/10	19,333	156,912

出所）筆者作成．

の無意識に訴えた．自分はひとつの権力を創り出しうるのであり，その権力の名において，抑圧された本能が解き放たれうるのだ，と聴衆に語りかけたのである」というホルクハイマーの言葉を引用している (ibid：353)．

（4）フェイクとヘイト

　実際第 3 節でも見たように，ネット上では論理的，合理的な議論よりも独断や先入観，憶測からくるフェイクニュース（虚偽情報，誤情報）や，ヘイトスピーチ（他者に対する憎悪，差別，排除）にあふれているようにも感じられる．

　それは現代のグローバルな政治状況に影響を与える動きともなっている．間接的にこれを裏付けるデータとして，「fake news」という言葉の Google 検索数推移（最大値を100とする相対値，2014年11月23日〜5 年間，アメリカ国内，全世界）を図 2 - 4 に示す．これによれば，アメリカおよび世界でこの語句の検索数が急増するのは，2016年11月 6 日〜13日の週である．これが，2016年米大統領選の

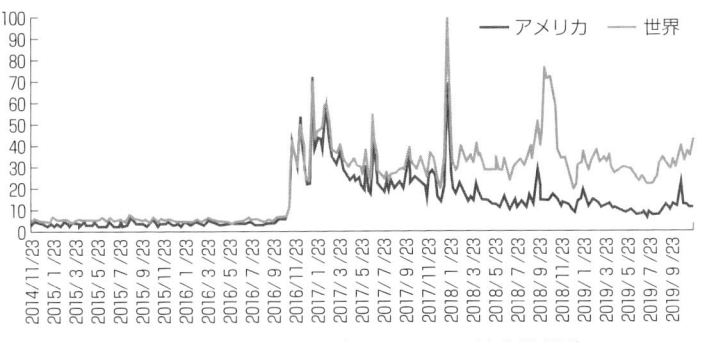

図2-4　「fake news」のGoogle 検索数推移

出所）筆者作成.

結果が出た時期であることはいうまでもない.

　2016年の選挙期間中にはさまざまな「フェイクニュース」が問題となった. トランプ大統領誕生後, リベラル系メディアがトランプ言説を「フェイクニュース」（事実に照らして虚偽である情報）であると批判するのに対して, トランプ氏はリベラルメディアそのものを「フェイクニュース」（インチキ報道機関）と激しく批判している（遠藤 2020）. 現在も継続しているこの「フェイク批判」合戦は, 相互の批判対象が異なっているため, 決してかみ合うことはない. メディア側が「客観的事実」を突きつけても, トランプ氏は「嘘つきが何を言おうと信じられない」と一蹴し,「われわれが信じていることが「真実」」との信念を支持者と共有する. 批判合戦は決して合意に達しない.

（5）「正しさ」とは何か

　このような状況と呼応するかのように, 既存マスメディアに対する信頼感は低落傾向にある. ギャラップの記事によると, アメリカにおける報道機関の正確性に対する信頼感は, 1999年には52％であったものが, 2017年には37％に低下した. 特に共和党支持層では, 52％から14％へと激減している. 反対に民主党支持層では, 53％から62％に増加している.

　報道機関に対する信頼感の分化は, 第3節で述べた「分極化」と重なる現象である. アメリカの大手メディアの多くは, リベラルな民主主義の正しさを前提とし, その実現のために報道活動を行う. だが, このような「正しさ」を自明とは思わない人びとは, それを「バイアス」と捉える. この視点から見るな

らば，「フェイクニュース」への対応策としての「ファクトチェック」は効果がない可能性が高い．心理学者のシャーロットは，「新しいデータを提供すると，相手は自分の先入観（「事前の信念」）を裏付ける証拠なら即座に受け容れ，反対の証拠は冷ややかな目で評価する．私たちは相反する情報に頻繁に晒されているため，この傾向は両極化の状況を生み出し，それは時を経て情報が増えるたびに広がっていく」と分析している．

　「フェイクニュース」をめぐる分極化は，これまで潜在していたリベラルとは異なる「正しさ」が，ソーシャルメディアという「誰でも発言できる場」によって顕在化し，再帰的にその存在感を高めているということができる．

　社会心理学者のハイトは，「西洋哲学はこれまで何千年にもわたって理性を崇拝し，情熱を疑いの目で見てきた．…（中略）…この理性崇拝を「合理主義者の妄想」と呼ぶ．妄想と呼ぶのは，人々の集団が何かを神聖視するようになると，そのカルト集団のメンバーはその事実を明晰に分析する能力を失うからだ．道徳は人々を結びつけると同時に盲目にする」と述べている．いうまでもなく，ハイトは「合理主義」や「リベラリズム」や「民主主義」という正義／規範を否定しようとするものではない．ただ，今日では，あらゆる正義／規範が自明ではないという事態を受け容れざるをえないと言うことである．それはある意味で，西洋近代におけるメジャーな規範であったリベラリズム—その主要な１つとしての本質主義批判がその帰結として引き起こした事態でもある．

　哲学者のラクラウは「問題が，あるタイプの社会が他のものより好ましいと絶対的な確実性をもって決断できるということならば，その答えは否，つまりそのような基礎付けは存在しえないであろう．しかしながらそれは，政治的に推論したり，あるいはさまざまな理由からある政治的立場を他のものより好ましいとする可能性がないというわけではない．〔…〕というのも，ありうる選択肢のなかから真実らしいものを推論することはできるからだ」という．先にも触れた「討論型世論調査」もその対応策の１つであろう．

5　機械身体と拡張身体

（1）ロボットの進化と倫理

　いまわれわれが直面している変化は，ソーシャルメディア上でのみ起こっているわけではない．ICT 技術の急激な進歩は，ふと気づけばロボットや AI は

暮らしの中のありふれた隣人としつつある．完全自動運転はまだとしても，車に乗れば，道案内や運転支援してくれるシステムが当然装備されており，彼らは私たちに言葉で語りかけてくる．エレベーターや料理機器さえ，言葉を発するのである．電子仕掛けの隣人たちは，いまはまだ黒子のような存在と見なされているが，いずれもっと高い自律性を獲得し，人間のコントロールなしに判断したり，意思決定したり，人間の行動に関与してきたりするだろう．

　自律的なロボットたちが，人間と対等にコミュニケーションし，人間たちの行動や，思考や，感情や，その結果に影響を与えるようになったとき，人間とロボットは，人間同士と同様に，相互作用のマナー（前提としてのルール）を共有しなければならなくなる．ロボットたちの倫理とは耳慣れないと思われるかもしれない．しかし，それは人間たちが自分たち自身を創造する欲望に取り憑かれたおそらくは有史以来，隠されたテーマであった．

　人間と同等の思考能力を備えたロボットが人間を襲撃するようになるという不安は，「ロボット」の語の元となったカレル・チャペックの戯曲をはじめとして多くの SF に描かれてきた．ロボットに戦争を代行させることが現実となった現代では，その不安はさらにリアルである．

　この問題に対して早い時期に論理的な解を提示したのは，SF 作家であり生化学者でもあるアシモフだった．彼は自律性を獲得したロボットには以下の判断ルール（ロボット三原則）を埋め込むべきだと提案した．重要な提案であるが，三原則は同時に満たされるとは限らない．

　一般に，倫理（正義）は 1 つではなく，また倫理条項同士が整合的であるわけでもない．しかし，ロボットの行動アルゴリズムに「倫理」を埋め込もうとすれば，それらは完全に整合的でなければならない．この要件は，ロボットを「倫理的」に振る舞わせる上で，高いハードルとなっている．

　例えば，よく知られたアポリアとして「トロッコ問題」がある．「暴走する路面電車が分岐点に近づいている．もしそのまま走らせると，線路上の五人の作業員が死ぬ．待避線に切替えると，待避線上の一人が死ぬ．あなたが運転手だったらどうするか？」という思考実験である．日米中調査によれば，その結果は国ごとに大きく異なる．すなわち社会倫理は，状況によっても共同体によってもその文化の型によっても異なるということである．同様の実験は生命倫理学者のウォラックらによっても行われている．

（2）人間身体の拡張あるいは進化

　この問題は反対の側から捉えることもできる．すなわち，人間はいつまで「人間」なのか，という問である．現代医療は，美容整形から臓器移植まで，私たちの自然身体を変えつつある．人間自身がまさに機械化しつつある．1997年のクローン羊ドリーの誕生以降，遺伝子操作や再生医療も急速に進んでいる．

　アメリカでは，2013年，オバマ元大統領が通称「ブレイン・イニシアティブ」を発表した．また，2013年，欧州委員会（EU）がスポンサーとなって「ヒューマン・ブレイン・プロジェクト」がスタートした．コンピュータで脳をシミュレーションしようとする野心的プロジェクトである．このような研究の先に，脳と外界とが直接に接続される時代も来るかもしれない．

　一方，ChatGPI を始めとする生成 AI は，予想を超えて急激に実社会に浸透し，人間の第二の脳となる可能性を示しつつある．しかし，恩恵と共に，偽情報，バイアス，ハルシネーションなど重大な諸問題も引き起こすことも事実である．例えば，2024年5月には日本で，情報科学の知識を持たない一般人が，生成 AI を使ってランサムウェア作り出す事件も発生した．

　この道の先に，カーツワイルのシンギュラリティ（第1節）は位置づけられるのかもしれない．カーツワイルはシンギュラリティ以後の人間を「ポスト・ヒューマン」と呼んだ．またブライドッティは，「現代の科学とバイオテクノロジーが，生けるものの繊維と構造そのものに影響し，今日，何を人間なるもの」とするかについての「理解を劇的に変質させた」と論じ，新たな人間像を「ポスト・ヒューマン」と呼んだ．ミッチェルによれば，ポスト・ヒューマンの時代には，「主体，拡張した身体，居住，経済，文化は，もはや皮層，壁，国境で事実上分割できるものではない．それらは皆，濃密で巨大な相互依存の網の中に密接不可分に組み込まれてしまって」おり，「私たちは，ロープで結ばれた登山者のように，物質的にも倫理的にも，ネットワークによって皆互いに繋がっている．もし，危険に屈せず電子的に拡張された社会的・経済的・文化的サークルの成果を得ようとするなら，それは我々共通の人間性（コモン・ヒューマニティ）を実現することだと認識しなければならない」のである．

　この観点から近年，新規科学技術を研究開発し，社会実装する際には，それに伴って生じる ELSI（Ethical, Lega and Social Issues: 倫理的・法的・社会的課題）について十分な配慮をすることが世界的に求められている．また2024年5月21日，欧州連合（EU）は「AI 法（Artificial Intelligence Act）」が成立させた．まさに技

術と社会のつながりを探求する社会情報学が重要な責務を負っている.

6　「人新世」という時代

（1）超情報社会と新たな課題——環境と人口——

　しかし, ポスト・ヒューマンへと向かう世界は, 現在大きな危機に直面している. 現代思想家のガタリは「地球という惑星は, いま, 激烈な科学技術による変容を経験しているのだが, ちょうどそれに見合うかたちで恐るべきエコロジー的アンバランスの現象が生じている. このエコロジー的アンバランスは, 適当な治療がほどこされないならば, ついには地上における生命の存続をおびやかすものとなるだろう. こうした激変と並行して, 個人的かつ集団的な人間の生活様式もしだいに悪化の一途をたどっている」と指摘する.

　これに関連して, 近年,「人新世（Anthropocene）」という地質学的な概念が注目を集めている.「人新世」とは, 人類の活動が地球の地質や生態系に重大な影響を与えるようになった時代を指し, 論者によって, 起点は農耕の開始期（1万2000～1万5000年前）とも, 1960年代ともされる.

（2）人新世とシミュレーションの展開

　環境問題に警鐘を鳴らす先駆けが, 1972年に発表されたローマクラブによるシミュレーション結果『成長の限界』であった. システム・ダイナミクスにもとづくモデルによって, メドウズらは「世界人口, 工業化, 汚染, 食糧生産, および資源の使用の現在の成長率が不変のまま続くなら, 100年以内に地球上の成長は限界点に到達するであろう. もっとも起こる見込みの強い結末は人口と工業力のかなり突然の, 制御不可能な減少であろう」との結論を導き出した. ローマクラブは, 50年後の現在もその活動を継続している.

　20世紀末には,「地球の限界」が問題化した. ABS（Agent-Based Simulation）は, 個別のアクターをシミュレートすることにより, アクター間の相互作用によって生成される全体状況の変化をシミュレーションできる. 超情報社会では, まさにいま存在するすべてのアクターを取り込んだシミュレーションも可能となるかもしれない. 人新世の諸問題の解明に大きな力を発揮すると期待される.

　しかしシミュレーションの科学的正当性に疑念をもつ研究者もいる. 第一の問題は, 過剰な可塑性の問題である. シミュレーション世界は, 多数のパラ

メータの相互作用の結果として現出する．言いかえればパラメータの調整によって，研究者はどのような結論でも導き出しうるともいえる．第2は，シミュレーションが，一方では従来「科学」的に扱いづらかった対象を操作モデル化する可能性をもつとともに，他方ではこれまで外部記述の原理に則ってきた「科学」に新たな挑戦を迫るものでもあるという問題である．

（3）討議倫理の可能性

　望ましい社会とは予定調和的世界ではない．固定した社会倫理に則って未来社会を設計しても，時の経過とともに倫理も変化するかもしれない．社会倫理学の世界では，近年，「討議倫理」という概念が注目されている．Habermas (1991) などによれば，「社会における正しさ」とは，かつて考えられていたような一意的なものではなく，コミュニケーション的行為（人々の正当な相互作用）のなかで見いだされるものであり，時や場所によって異なる，という考え方である．先述の「討論型世論調査」もその1つである．OECD も「イノベーティブな市民参加」として討議倫理に関心を寄せている．

　ある固定的な理想をめざすのではなく，多様なステークホルダーの参加による合意と評価のプロセスを丹念に組み込み，その結果を常に創造の途中にある社会にフィードバックし，適用する技術を改善していくことで，社会と技術の持続可能な共進化が具現される．社会規範／研究規範もまた，このようなダイナミズムにおいて共有可能ではないだろうか．それは，社会情報学・計算社会科学の立場から**図2-5**のような動的システム管理システムとして実現される．

　メタバースや2023年6月に発表された AppleVisionPro などの新技術を，こうしたシステムに応用することができるだろう．社会情報学はこれまでもこうした問題に取り組んできたが，その役割はさらに大きくなるだろう．

おわりに
──いま求められるイノベーションとは──

　本章では，世界がサイバー・フィジカルなシステムへと変容する状況の中で，「いま求められているイノベーション」について述べた．具体的には，「日常としてのサイバー・フィジカル空間（間メディア）」（第3節），「オンラインコミュニケーションの諸問題とその分析──人間の非合理性と「正しさ」の根拠──」

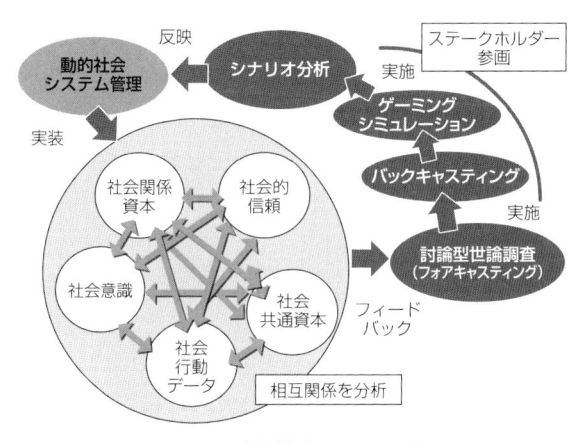

図2−5　動的社会システム管理

出所）筆者作成.

（第4節），「機械身体と拡張身体」（第5節），および「「人新世」という時代」（第6節）において，社会情報学および新たな方法論としての計算社会科学が果たしうる役割，果たすべき役割について検討してきた.

　いいかえれば，それは，われわれの生きている社会空間が，サイバー・フィジカルなものに移行していることを前提に登場した学術領域である.したがって，サイバー・フィジカルな世界を客観的に分析するツールであると同時に，サイバー・フィジカルな世界を特定の方向へ導くテクノロジーでもある.このような両義的な性格は，既存の科学にも内在していたが，超情報社会においてはパラドックスは至るところに発現する.われわれは先ずそのことを十分に意識化し，世界（「人新世」「ポスト・ヒューマン」という観点も含めて）を根底から理解し直す必要がある.そしてこのような大変革の時代だからこそ，それに適応する社会システム，すなわち社会の仕組み，政策決定，情報流通，ビジネス，教育，倫理・道徳，価値観などの再設計が必要なのである.

　一般に，「イノベーション」というと，「技術革新」といった狭い意味で使われることが多いが，有名な経済学者シュンペータを引用するまでもなく，ｚこの概念はより広く，「新たな価値創造」を意味する.2021年3月に閣議決定された『科学技術・イノベーション基本計画』においても，「Society 5.0 の未来社会像を，「持続可能性と強靱性を備え，国民の安全と安心を確保するとともに，一人ひとりが多様な幸せ（well-being）を実現できる社会」と表現しその実

現に向けた『「総合知による社会変革」と「知・人への投資」の好循環』」が我が国の科学技術・イノベーション政策の方向性であると宣言されている.

　社会情報学会は，この，まさにいま求められている，「総合知による社会変革」を，これまでも，これからも追求する学会なのである.

付　記

　本書の編集方針に基づき，注や参照文献については割愛した．本章の初出論文である遠藤（2019，2024）をご参照いただければ幸いである.

参考文献

Berman, M. (1981), *The Reenchantment of the World*, Cornell University Press（柴田元幸訳，『デカルトからベイトソンへ——世界の再魔術化——』，文藝春秋，2019年）.

遠藤薫（2019），「AI／IoT 社会における規範問題を考える——計算社会科学とポスト・ヒューマニティ——」，『社会情報学』，8(2)，pp. 1-18.

─────（2024），「自動運転技術はコミュニティのインフラとなるか——人口縮小社会における「技術の道徳化」——」，『学術の動向』2024年1月号，pp. 56-65.

後藤晶（2023），「人間は『人工知能』と『協力』できるか——クラウドソーシングを用いた仮想的 AI エージェント実験による検討——」，『社会情報学』，12(1)，pp. 1-17.

樋口耕一（2014），『社会調査のための計量テキスト分析——内容分析の継承と発展を目指して——』，ナカニシヤ出版.

金山智子（2020），「災後・災間におけるコミュニティ放送による記憶の継承」，『社会情報学』，9(2)，pp. 19-35.

記虎優子（2021），「企業の透明性志向が株主総会開催日の分散に与える影響」，『社会情報学』，10(2)，pp. 37-53.

Kurzweil, R. (2005), *The Singularity Is Near: When Humans Transcend Biology*, Viking（井上健訳『ポスト・ヒューマン誕生——コンピューターが人類の知性を超えるとき——』，NHK 出版，2007年）.

Salganik, Matthew J. (2018), *BIT BY BIT* Princeton University Press（瀧川裕貴他訳『ビット・バイ・ビット——デジタル社会調査入門——』有斐閣，2019年）.

上田一紀（2022），「デジタル時代における「編集の自由」の保障とそのあり方——ノルウェーにおけるメディア政策を題材として——」，『社会情報学』，11(3)，pp. 35-51.

第3章

ロボット学とイノベーション
──学問と技術チャレンジが導く社会への技術の浸透──

日本ロボット学会　上田 隆一

1　日本ロボット学会とイノベーション

（1）日本ロボット学会について

　日本ロボット学会は，最もイノベーションという言葉が似合う学会のひとつである．設立された1983年の学会誌の特集からすでに「二足歩行ロボット」があるなど，最初から SF のような題材が扱われてきた．そのような題材としては，他に機械による会話や器用な手，視覚などの機能の実現やそれらを総合したヒューマノイド，飛行ロボットや水中ロボット，そして本章で主に扱う自動運転などいくつも挙げられる．後述のように，これら夢のような話の実現には，国内だけでなく世界中の研究者が取り組んでも非常に長い年月がかかる．日本ロボット学会は，「そんなことができるのか」，果ては「そんなことをして何になる」と言われてしまう課題に，研究者が臆することなく取り組む場を提供してきた．

　現在では，そのうちのいくつかは実現，あるいは実現しつつあるうえに，「そんなことをして何になる」と言われてきたものが投資の対象となっている．これらの常識の転換は，世界中の研究者による数多くのイノベーションによりもたらされたものであり，国内の研究者も多くの貢献をしてきた．なお，ここで言う「イノベーション」とは日本での主たる意味「技術革新」を指し，新しい技術的な発見と，それによるものごとの進歩的な変化を指す．

　学会の活動としては，国内では年に一度の学術講演会を主催し，ロボティクスシンポジアを他団体と共同で主催している．さらには，日本が長い間研究をリードしてきた経緯もあり，世界的に重要で最大級の国際学会である International Conference on Intelligent Robots and Systems（IROS）を IEEE と共催するなど，世界に飛び出した活動をしている．会員は約4000名で，100近くの企業が賛助会員となっている．他の数多くの活動については，学会のウェブサイト

（https://www.rsj.or.jp/）を参考にされたい.

（2）学術的な活動として行われる「技術チャレンジ」

　そのような学会としての基本的な活動も非常に重要であるが, ロボットの世界には, 一般に「ロボコン（ロボットコンテスト）」と呼ばれる催事があり, いくつかは学術的な活動と位置付けられているというユニークな一面がある. ロボット学会周辺でも多くの「ロボコン」が開催されており, 会としても共催や学会賞の授与など, 活動を活発に支援している. なお細かい話であるが, 本章では一般的な呼称「ロボコン」は使わず「技術チャレンジ」を使う.「コンテスト」には順位や優劣をつける意味があり, 過度な競争を生んで技術が画一化しないよう, コンテストという言葉を避ける場合があるからである.

　優れたアイデアを複雑な実世界で活かすには, さまざまな工夫や実験が必要となる. イノベーションの発端は, ある瞬間の誰かの思いつきではあるが, それを人々の生活に活かすためには長い年月がかかる. 技術チャレンジは,「お金にならない」その長い年月の間アイデアを守り, そのアイデアを使いこなせる人を育てる役割がある. また技術チャレンジ自体も優れたアイデアの発生源になる.

（3）本章の内容

　本章では, 技術チャレンジが実を結んだ例として, 自律移動ロボットや自動運転車の話をする. 本章の内容の初出は日本ロボット学会誌での解説（上田 2023）である. 学会の紹介というよりは学会内に向けた書き方であり, 一部個人的な回顧になっているが, 先述の「長い年月がかかる」という例としてちょうどよい内容になっている. また, 回顧を学術誌に解説論文として書くのは大変よくない行為なのだが, 叱られるどころか推薦されてこうやって本書に掲載されることを考えると, 当学会のラディカルさもよく伝わるかもしれない.

　話に入る前にいくつか注意点を記す. まず, 名前を挙げる人々の敬称は他章同様に省略する. また, 引用を初出論文（上田 2023）からかなり削った. 論文を引用することには功績のあった人に敬意を示す意味があり, これは本章最後に書いたことを考えても研究者以外の人にも守ってもらいたいが, 一般の書籍としては参考文献が多くなりすぎるため割愛した.

　そしてこれは最も重要であるが, ここに記すのは筆者の周辺で起こったことで, 全体ではなく少し偏っている. もし研究者の方で「我々の事例に触れてな

表 3-1　本章に関係する主な出来事

年	出来事
1999	MCL の発表
2000〜2003	ロボカップ四足ロボットリーグにおける MCL のブーム
2003	ソニーショック
2004	国立大学の独立行政法人化
2004〜2008	DARPA グランドチャレンジ
2005	URG シリーズの販売開始． Probabilistic ROBOTICS（Thrun, 2005）出版
2006	AIBO の生産中止の発表
2007	Probabilistic ROBOTICS の翻訳版「確率ロボティクス」出版
2007〜現在	つくばチャレンジの開催
2008	リーマンショックと「確率ロボティクス」の事実上の絶版
2016	「確率ロボティクス」の復刊
2018	「SLAM 入門」（友納 2018）出版
2019	「詳解 確率ロボティクス」（上田 2019）出版

出所）筆者作成.

いではないか」ということがあれば，ぜひどこかに記述していただきたい．当
時はソーシャルネットワークがなかったので，そのような記録は重要な資料に
なると考えている．

　表 3-1 に，これから記述することの年表を示す．もっと過去をさかのぼれ
るが，きりがないので1999年を起点とする．技術に興味のある人は主に技術が
どう広がるか，そうでもない人は政治や経済がどうイノベーションに絡んでく
るのかという視点で読むとよいかもしれない．

　では話を切り替え，自律移動ロボットと自動運転車の話を開始する．

2　位置推定技術と技術チャレンジ

（1）自律移動ロボットと自動運転車における位置計算の扱いの難しさ

　ここ数年，レストランの配膳ロボットや業務用の清掃ロボットなど，自分で
動きを決めて走り回るロボット（自律移動ロボット）が急速に普及してきた．ま
た，自動運転の乗用車やバス，トラック（自動運転車）も，少しずつ公道で走る
ようになってきている．

　自律移動ロボットや自動運転車の実現にはさまざまな技術が必要となるが
（日本ロボット学会 2021），その中で特に重要なのが，ロボットや自動車が自分自

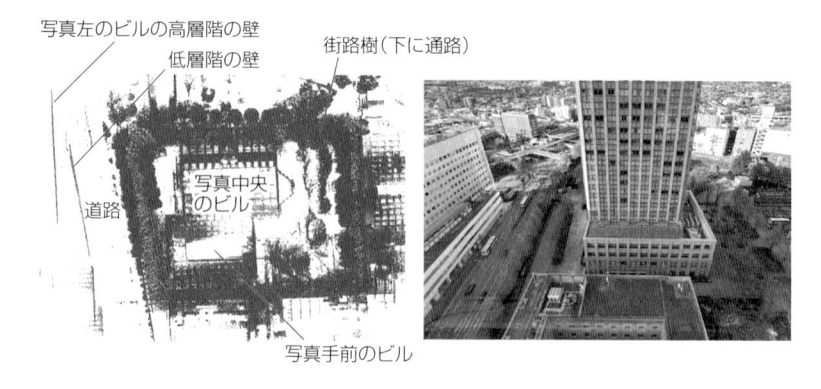

図3−1　3次元レーザースキャナで作成した移動ロボット用の地図．街路樹
　　　　に隠れているが，ロボットが走行する路面の形状も記録されている．

出所）筆者の研究室に所属する永木悠暉の提供（地図の作成：永木茂郁良，佐々木新平）．

身の位置や向きを推定する技術である．このような技術は，研究者の間で「自
己位置推定」と呼ばれている．自己位置推定が可能になると，移動ロボットや
自動車のナビゲーションの問題は「ある位置でどう動くか」という枠組みで考
えるだけでよくなる．また，何か問題が起きて想定していた経路から外れても，
元の位置に復帰すればよいだけになる．

　位置や向きというと，一般的に GPS（global positioning system）として知られ
る衛星測位システムを使えば得られると多くの人が考えるかもしれない．しか
し屋内やトンネル，高層ビルの近くなどでは衛星から電波が受信できなかった
り，電波の干渉によって大きな間違いが起こったりする．また，緯度と経度が
分かっていても，建物や道路の分離帯などの障害物にぶつからないためには不
十分である．より重要なのは，それら障害物の位置情報が書きこまれた地図の
なかでの位置である．その地図を正確に作成する問題は後述のように自己位置
推定と並ぶ難問であり，また，工事や地殻変動の影響も無視できないため，緯
度，経度と地図中での位置は，必ずしも一致しない．図3−1に3次元地図の
例を示す．この縮尺では精緻に見えても，局所的には歪んでいる．

（2）MCL の発明

　ただ冒頭で述べたように，自己位置推定と地図の作成に関する課題は，実用
化に目途が立つほどに解決されてきた．これに大きく貢献したのは，これらの

課題の解決に確率を使う「確率ロボティクス」という研究分野であった．確率を使うアプローチは，現在俗に AI と呼ばれている技術とも共通している．研究者は実世界の問題を解決しようとしているうちに，かなり前から確率論に行きついていた．「確率ロボティクス」が発展するきっかけは1999年で，25年も前である．

　そのきっかけとして25年前，**表3-1** のように，1999年に Monte Carlo localization（MCL）という名前の自己位置推定の方法が発表された．MCL についてはそれが何か分からなくても「斬新な（イノベーティブな）自己位置推定の手法」という理解で読み進められるようにするが，詳しく知りたい場合は拙著（上田 2019，2024）をお勧めする．MCL は現在，最新の手法ではないが，複数の研究者に「自律移動ロボットが実用化できるかもしれない」と感じさせた点で，後に大きく影響を与えている．そして最新ではないが，今も使われている．

　MCL 以前にも自己位置推定は盛んに研究されていた．特に後述のように筑波大学において，世界的に見ても多くの研究事例が見られる．この頃の自己位置推定の研究では，次のことが問題となっていた．

  ⅰ．当時すでに空中で実用されていたロケットや航空機のための確率的な位置推定の方法（カルマンフィルタと呼ばれるもの）をロボットに導入しようとしても，地上には障害物があまりにも多くて適用しにくい．
  ⅱ．カルマンフィルタ以外の確率的な手法を持ち込むと上記の問題は解決できそうだが，コンピュータに計算させると時間がかかりすぎる．
  ⅲ．（これは後になってから言えることだが）そもそもセンサが未発達

　MCL は，北川源四郎による「リサンプリング処理つきのモンテカルロ・フィルタ」というものを応用して，上記項目のⅰ，ⅱを解決した．ちなみにモンテカルロ・フィルタは，ロボットとは無関係なところで発明されたものである．上記項目のⅲは未解決だったが，MCL のデモではスミソニアンの国立自然史博物館の天井の模様をカメラで観測する方式で，かろうじて解決された．

　ちなみに MCL を開発した4人のうち3人は，確率ロボティクス分野最初の，そして最重要な教科書「Probabilistic ROBOTICS」（Thrun 2005）の著者である．その意味でも MCL が学会で発表された1999年は，自律移動ロボットにとっても，自動運転車にとっても転換点であった．

（3）ロボカップ四足ロボットリーグでの MCL 研究

MCL のような新しいアルゴリズムは，それが重要なものであると気づいて試す人が出始めないと広まらない．研究者は自身の研究に忙しいし，世間からは冒頭のように「そんなことをして何になる」という目で見られ，なかなか受け入れられない．以後の話を読むときに念頭に置いていただきたいが，人間という動物には，新しいものに対する正しい評価がすぐにできず，無視したりバカにしたりすることで安心したいという習性がある．

しかし MCL にはちょうど良いタイミングで試す機会が与えられていた．日本のロボット研究者が発案し立ち上げた，世界最大のロボットサッカー競技会のロボカップ（RoboCup）（浅田 1997）である．MCL はひとつのリーグである四足リーグ（藤田 2002）で特に重宝され，「実用」するための研究が進んでいった．Probabilistic ROBOTICS の著者の一人，ディーターフォックスもこのリーグに参加しており，書籍での MCL の説明にこのリーグが登場する．

① ロボカップのねらい

ロボカップは，浅田稔，松原仁，北野宏明が主となり，国内外の研究者と連携して1990年代に立ち上げた国際プロジェクトである．

ロボカップ立ち上げの目的は，ロボット学におけるアポロ計画やコンピュータチェスのような，「グランドチャレンジ」あるいは「ランドマークプロジェクト」を作ることにあった．つまり，アポロ計画のように「月に行く」という，多くの人が理解できる単純な目標を設定し，そのための研究や開発を人類の資産とすることを狙うという性質の技術チャレンジとなる．ロボカップの目標は，「西暦2050年までに，サッカーの世界チャンピオンチームに勝てる，自律移動のヒューマノイドロボットのチームを作る」である．

今から述べるように，ロボカップは技術を発展させる重要な場になってきた．また，上記の目的には明示されていないが，後述のように実戦経験に富んだ多くの研究者やエンジニアを輩出している．

② 四足リーグの特性

四足リーグは，ソニー製の AIBO にサッカーをさせるリーグであった．このリーグの特徴として重要なのは，ロボットは全チーム同一のものを用い，しかもハードウェアの改造が禁止だったことである．**図 3 - 2** の競技風景を見る

図3-2　ロボカップ四足ロボット
リーグの試合の様子

出所）筆者撮影.

と分かるように，フィールドにいるロボットはすべて同じである．そのため，プログラミングや数学の得意な研究者がハードウェアに手間取らず，好き勝手に試行錯誤できた.

　一方，現在の常識で考えると，このリーグでの自己位置推定の研究は困難であった．AIBO は当時最先端で世界に衝撃を与えたロボットではあったものの，家庭でゆっくり動かすために作られた小型の製品であった.

　図3-3にリーグでの使用機材としては二代目の AIBO である ERS-210を示す．（b）のように片手で持ち上げられる筐体のなかに，計算機やセンサ，モーターが詰め込まれている．自己位置推定に重要な「目」に相当するカラーカメラは1つだけで，解像度は，当時初めて携帯電話に搭載されたものと同程度で

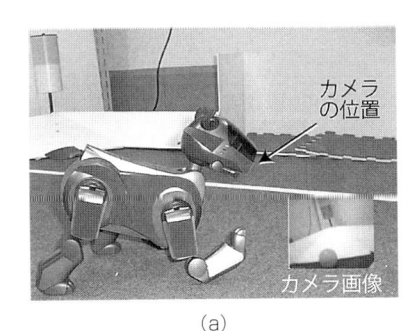

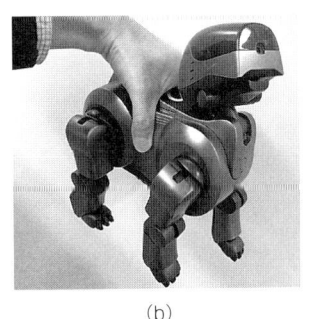

（a）
サッカーフィールドにいるところと，筆者が試合に使っていた88×72画素の CMOS カメラ画像.

（b）
片手で持ち上げられるサイズ

図3-3　ERS-210

出所）筆者撮影.

ある．また，コンピュータの部分も，現在のスマートフォンのものと比べると性能が10倍以上劣る．さらに AIBO は脚ロボットであり，競技中はとにかくカメラが揺れ，画像がブレる．そして，競技中と同じ条件でロボットが見ているものを確認する手段がなく，プログラミングの際には想像力が必要とされた．もし競技でなかったら，AIBO で自己位置推定を試みる研究者は，いなかったかもしれない．

③ 四足リーグの与えた影響

　四足リーグが面白いのは，この「自己位置推定に不向きな状況」に対して，参加者に「勝つ」という動機を持たせて立ち向かわせたことである．研究では，十分な実験結果が得られない場合，論文の目的と矛盾しなければ，ハードウェアを強化するという方法に逃げることができる．一方，四足リーグではそれができないので，ソフトウェアを工夫する方向に研究者に圧力がかかった．そして，なにかが克服されると，それは論文を書きやすいように設定される目的からの成果よりも，価値のある成果となった．MCL もこの効果により，「不向きなロボット」で動くように改良が加えられていった．これにより，MCL がある種の過酷な状況下で機能することが示された．筆者もこの頃，MCL の改良案を国際学会でいくつか提案し，実戦で試している．

　そしてもっと重要なことに，MCL や，その後の技術を知っている研究者が筆者を含め，さまざまな国に誕生した（もちろん他のリーグからも誕生している）．彼らはロボットの研究開発プロジェクトの中心になれる研究者であり，技術者であり，職人でもある．そのような人たちが増えることで，自律移動ロボットの実用までの時間が短縮された．筆者も教科書を翻訳，執筆することで，この効果の一部分となっている．筆者は特段優れた研究者ではないが，何年もロボカップに没頭していたため，プログラムを書いてロボットを動かした経験が他の研究者よりも圧倒的に多い．そのためか，同じことを解説するにしても生々しさが自然に出て読者に伝わるようなので，ロボカップの恩恵を受けていると感じている．

（4）地図生成技術と DARPA グランドチャレンジ

　自己位置推定ついては四足リーグが研究の場になっていたが，第2節（1）で触れた地図の生成については別の技術チャレンジが必要であった．筆者も AIBO

での自動地図生成に挑戦してみたが AIBO の仕様では難しく，また，ロボットサッカー用の地図は手作業で作れるので，モチベーションが足りなかった．四足リーグでも，サッカーとは別枠で「SLAM チャレンジ」という競技を開催していたが，多くの研究者を惹きつけるものではなかった．「SLAM（スラム）」（友納 2018）というのは simultaneous localization and mapping（自己位置と地図の同時推定）の略である．SLAM の扱う問題は単純な地図生成とは少し違うが，SLAM を使えば地図はできるので，本章では地図生成＝SLAM として話を進める．

① DARPA グランドチャレンジ

ロボカップでもレスキューロボットの部門では地図生成が扱われるが，移動ロボットや自動運転車など，平地を走るものにとって技術チャレンジとなったのは，2004，2005 年の DARPA Grand Challenge と，2007 年の DARPA Urban Challenge であった（桃田 2015）．これらはそれぞれ，砂漠，都市環境で自動運転車を走らせる技術チャレンジである．本章では，このふたつのイベントを「DARPA グランドチャレンジ」と呼ぶ．DARPA（Defense Advanced Research Projects Agency，国防高等研究計画局）というのはアメリカの国防総省の特別な機関で，軍事技術の研究開発を行う他，ロボット関連の技術チャレンジを活発に主催している．

DARPA グランドチャレンジで使用されたのは図 3-4 のような乗用車である．乗用車に GPS やジャイロ，当時高価で大きかったレーザースキャナを搭載していた．レーザースキャナとは，レーザーを発射するヘッドを左右に振りながらレーザーを周囲に放ち，ヘッドを振った範囲の障害物をすべて検知して距離を測るセンサのことで，現在は 2 次元 LiDAR（Light Detection and Ranging）と呼ばれているものである．当時は SICK 社製のものがほとんどだったので，そのまま「SICK（ジック）」と呼ばれていた．

自動運転車を走らせる砂漠や都市環境は，サッカーフィールドよりずっと大きく，また，センシング対象となる障害物も多い．そのため，地図を手で作成することは現実的ではない．そのため地図の（半）自動生成の需要が生じる．SLAM についてはそれまでも研究が進んでおり，冒頭で触れた教科書 Probabilistic ROBOTICS にも DARPA グランドチャレンジ前のものが収録されている．ただ，魅力的な問題が出現すると，多くの研究者が「実用」や「運用」を考えた実装を本気で考えるようになった．ロボカップ同様，彼らがその

図 3-4　Stanford 大の自動運転車
「Stanley」．SICK を 5 個
取り付けている．
出所）スミソニアンの国立航空宇宙博物館にて
筆者撮影．

後の企業での自動運転車の開発に影響を与えたことは想像に難くない．DARPA
グランドチャレンジ出身者の就職先については（桃田 2015）に記述がある．

　また，DARPA グランドチャレンジは，ハードウェア開発にも影響を与えて
いる（桃田 2015）．LiDAR のメーカーとして有名な Velodyne Lidar 社も，
DARPA グランドチャレンジがきっかけで LiDAR を開発している．

　DARPA グランドチャレンジについては，残念ながら筆者の周辺では参画し
た人はいないようであり，ロボット学会が関与した記録も見つからなかった．
ロボカップで世界を転戦するのは大変であるが，アメリカ本土まで自動車を持
ち込むのはさらに大変で，そのようなチームは現れなかった．現在では，国内
で自動運転の技術チャレンジがいくつか開催されている．また，この頃も相変
わらずロボカップは世界的に盛況であったが，この頃から，新しいことをする
には少し国内の情勢が厳しくなってきた．論文をとにかく毎年たくさん書け
（＝無駄なことをするな）という雰囲気になってきたのもこの頃である．

3　国内における MCL 以後の状況——勢いと停滞と希望——

（1）ロボカップでの自己位置推定の普及
　話を2000年に戻し，今度は国内での自己位置推定技術の普及について記す．

新しい技術がどのように浸透していくかを説明するには，20代の筆者がいろいろなものにぶつかった経験を記すのがよい．そのため自身の回顧的な記述になるが，ご容赦いただきたい．

① 自己位置推定という「異物」の扱い

　国内では先述の通り，筆者の所属する四足リーグのチーム（チーム名：ARAIBO）で MCL が研究されていた．実戦での初投入は2001年春の国内大会であった．チームメンバーの横井真浩が修士論文のために最初に実装し，その後，筆者が後述のように実装しなおした．他にもっと早く実装していたチームもあるかもしれないので，「国内初」と主張する意図はないが，国内では最初期の実装であった．

　ただ2001年の段階では，国内大会の会場で MCL について他のチームから細かく質問されるということはなかった．というのも，この頃，特に研究の一環としてロボカップに参加していた国内の研究者の多くは，（ちょうど今，流行を迎えている）人工ニューラルネットワークやそれを利用したロボットの学習をテーマにしていたからである．研究テーマもサッカープログラムも，自己位置推定して位置に基づいてロボットを動かす仕組みとは相容れない．そのため，MCL について本気で聞くという動機につながりにくい．もちろん，ロボットやボールなどの位置計測は重要な技術であったが，どちらかというと「学術ではなく勝つためのエンジニアリング」という扱いが強かったように記憶している．

　ARAIBO もチームリーダーの小林祐一（当時博士課程の学生で現，静岡大学）や，指導教員の故，湯浅英男が，強化学習や自律分散系の研究（動物の群れのように，ロボットに自発的に秩序を形成させて仕事をさせる研究）をしており，そのようなチームのひとつではあった．しかし試合の向けコードについては，必ずしも学習にこだわらない方針であった．筆者に直接 MCL の文献を紹介したのは，当の小林であったと記憶している．

② 勢いで実装したものがそのまま研究に

　2001年はリーグで使うロボットが ERS-1100（初代 AIBO のロボカップ用の特別仕様）から ERS-210に代替わりする年で，ソフトウェアの大幅な改修が必要であった．小林は博士論文に専念するということで，2000年末の時点で，学部4

年生の筆者と，修士 1 年だった深瀬武に試合用のコードが任された．そこで，MCL の横井による実装や，筆者が遊びで書いた MCL の実装を元に，座標に基づいた行動決定を中心に据えるアーキテクチャを，2 人で構築し直すことにした．

　5 月の連休にある大会に ERS-210 を投入するため，筆者は卒論を終えてから 4 月末まで研究室に寝泊まりし，大学院の講義をほぼすべて欠席して，突貫工事でコードを書いていった．現在の学生には勧められることではないが，もちろん誰かに強要されたのではなく全くの自発的な行動だったので，ご容赦いただきたい．大会まで時間がないので，画像処理と MCL を大幅に手抜きして実装した．手抜きというと聞こえが悪いが，手抜き画像処理が間違った情報を連続で大量に送ってきても，MCL が破綻しない仕組みを考えた上でのことであった．これは今考えても立派な研究になっており，先述の四足リーグでの研究例となった．またそれだけではなく，この時期に得られた成果だけで，採択されるのが難しいとされる国際学会でしばらく登壇し続けた．余談であるが，その学期は 7 月の世界大会まで研究室にこもりっきりで，結局 2 単位（授業 1 つ分）しか取得できなかった．もちろん学生に同様の行動は勧めない．

　本節のこれまでの話は，研究の現場でよく起こる話の例になっている．すでに研究テーマを持っている研究者は，新しいことをするよりも，自身の研究や既存の課題を掘り下げたほうが成果を得やすい．このような方針は個々の研究者が決めることで，なんら非難されるべきではない．しかし，全員がこのような行動をとると，新しいものの取り入れに時間がかかる原因となる．

　一方，過去にこだわらず，ただ「ロボットを動かしたい」という動機のままに行動しても，その難易度が高ければ研究になる．むしろそちらの方が本来の意味の研究と言えるかもしれない．研究計画を書いて予算を申請して，翌年度に交付されてスタート（できないこともある）というような，多くの研究者や役人が「普通」と考える研究方法だと，少なくともスピードでは，大学生の筆者が半年でやった無計画な研究には到底勝てない．今の筆者も当時の自分に勝てないので，未だに苦しんでいる．

　ただし，ロボカップ自体は計画の上のイベントなので無計画がよいという話ではない．研究者に口うるさく干渉しないで，かつ本気にさせるような仕掛けや環境が必要で，それは主催者の（ときには計画書で文章化できないような）大局観や真剣さ，あとはある種のポジティブさがもたらすものなのだろうと筆者は考

えている．ひとつ釘を刺しておきたいが，このような環境は大局観のないおじ
さんおばさんが安く学生を利用しようと思ってロボットコンテストを開いても，
教育の場にはなるかもしれないがイノベーションを起こす場ではなくなる．
尖った学生は，おそらくそういうイベントは避け，別のことをやるであろう．

　筆者の周囲の環境も，真剣になれるロボカップがあり，研究室の運営が安定
しており自由で，ロボカップのチームメンバーにも恵まれ大変良好であった．
しかし後述のように，そのような良好な環境は，外的要因により危機にさらさ
れることとなった．

③ MCL の静かな普及と足りないもの

　話を MCL に戻す．国内のロボカップではその後，勝つ目的のために自己位
置推定するチームが増えた．ただ，その頃には他のチームのソフトウェアや情
報が豊富にあったので，MCL は静かに「普通に使われるもの」，「どこかから
ダウンロードして組み込むもの」として受け入れられていった．原理まで細か
く説明できる人が多くいたかと問われると，そうではなかったように記憶して
いる．

　ロボカップの外の世界では，SLAM 研究を牽引していくことになる友納正
裕（筆者と同じく現，千葉工大）も筆者より少し前に，同様の研究を開始している．
2001年に日本ロボット学会学術講演会が本郷で開催されたときに，友納が
ARAIBO を見学に来訪したことを記憶している．同じテーマを研究している
人と国内で議論するのは初めてで，かなり緊張した．

　またこの頃，筆者はサッカーフィールドの外で AIBO に自己位置推定させ
ようとしたことがある．ただ，一歩フィールドを出ると，それはかなり難しい
問題であることが分かった．AIBO のカメラでは雑多な環境でランドマークと
その他のものを識別することは難しい．また，ある地点からある地点に AIBO
を移動させても，サッカーと違って地味で面白くない．結果，すぐにやめてし
まった．いま考えると，「あるもの」が足りなかった．

（2）来ないブームと景気後退と確率ロボティクスの翻訳
① 研究分野としての確率ロボティクスの成立

　2005年〜2007年ごろに時を進める．この頃，多くのロボットが自己位置推定
できるようになっていた．アメリカでは先述のように DARPA グランドチャ

レンジが開催されていた．筆者の頭の中では，すでにマスコミが大きく報道するレベルで，自律移動ロボットブームや自動車の自律化のブームが来ているはずであった．企業からの問い合わせも増えて，ロボカップやチームに取材に来るマスコミも増えると考えていたが，そういうことはなかった．また，この頃は自動運転や電気自動車が主流になったらどうなる，という議論も，研究者の間では当然されていたはずだが，一般的にはあまり聞かれなかったと記憶している．

　そんな中，上司の新井民夫教授に呼ばれ，「こんな本が出ている」と Probabilistic ROBOTICS を渡され，ショックを受けることとなった．これまで個々の論文を読んで断片的に得ていた自己位置推定や SLAM の知識が，この教科書を読むと「確率ロボティクス」として体系立てて理解できる．これを英語圏の大学の学部生や大学院生が読んで移動ロボットや自動運転車の研究者が量産された場合，（現在は国というくくりで物事は考えないようにしているが，当時は）国内の産業はどうなるのかと顔が真っ青になった．

②〇〇ショックによる停滞

　またこの頃，ロボカップ日本委員会から書籍を出す企画があり，自身は自己位置推定の章を担当して執筆が終わっていた．しかし，2003年のソニーショックの余波で2006年に AIBO の生産中止が発表され，それを受けて出版の企画自体が中止になるという事件があった．自身初めての書籍の執筆で出版を楽しみにしていたので，個人的にもショックであった．四足リーグもなくなってしまった．

　そのような状況に加え，当時は同世代の研究者の中で一足先に助手（現在の助教）になっており，大学の内部事情を少し覗ける立場にいた．覗いてどうなったかというと，研究者から権限を取り上げて「競争だ」と煽るような欺瞞を国の政策から随所に感じるようになった．筆者は当時のことについて詳細な調査をまだしていないが，国立大学の独立行政法人化や，その背景となる政治家の思想のようなものが影響していたことは明らかである．競争だと煽らないと何もしない人というのは，東大だからかもしれないが筆者の周囲にはいなかったし，理不尽な締め上げは，何もしない人よりも全力で走っている人の方に大きく作用した．

　このような雰囲気を作り出してしまった国に対する筆者の答えは（他にも理

由はいろいろあるが)「大学を辞める」であった．また，筆者はなんとなく「確率ロボティクスを広めるのが自身の社会的な使命」だとは考えていたものの，自身は輸入業者であって創始者ではないので，少し腰が引けていた．そのうえまだ20代の若者でもあったので，スーツを着た人と折衝しながら何かやるよりは，もう少し技術者としてのスキルを身につけたかった．

悩んだ末，結局は（30代にはなったが）若者として生きることを選択し，2009年に畑違いの企業システム開発を手掛ける会社に転職した．結果を出すまでは研究者仲間との連絡も絶ち，ロボット学会からも退会した．今なら自動運転あるいは自律ロボットのソフトウェアエンジニアとして高額年俸でのオファーがあるかもしれなかったし，数年後そのような事例が実際に発生し始めたが，当時はなかったことが畑違いになった理由である．また，堅い機械系の企業を避けて自由な IT 業界を選び，裁量が大きく，現場でプログラミングできる中小企業を志向したことも理由となる．唯一大手として，日本の Google 社にソフトウェアエンジニアとして志願してみた．しかし Google 社は当時，少なくとも日本ではロボットを扱っていなかった．スキルも求められているものと異なり，面接で落ちてしまった．わずか15年前の状況である．

③ Probabilistic ROBOTICS の翻訳

辞める前に時間を戻すが，これだけ税金で世界中を飛び回って何もせず消えるわけにもいかないし，個人的には記念になるし，来ないブームを少しでも早められるような気がしたので，Probabilistic ROBOTICS を翻訳することを考えた．幻の書籍で出版に興味を持ったことも理由にあった．また，研究者には「翻訳書ではなく原著を読むべき」という主張をする人がいるが，筆者はロボカップにいたので，若いながらも「人を増やす（裾野を広げる）威力」を知っていた．

そこで新井教授に「翻訳したいので筆頭著者のスラン教授に連絡をとりたい」とお願いした．その後，複数の出版社との交渉やその他紆余曲折の末，自身が2007年3月に博士号を取得した直後から翻訳を開始した．そして，同年10月に翻訳書『確率ロボティクス』が出版された．確率ロボティクスという翻訳語も，このときに誕生した．

これで国内に移動ロボットの研究者が増えるに違いないと考えた．実際にそうなったのだが，少し甘かった．翌年，リーマンショックで世界中が混乱し，

その影響で翻訳書は増版されず，初版のみが世に出回ることになった．どこの出版社の人に当時の話を聞いても，増版がストップしたり，編集部が解体されたりと，散々な状況だったようである．結局，翻訳書が復刊するのは9年後の2016年のことであった．それがいまだに売れ続けているのを見ていると，国内の研究開発への影響は大きかったのだろうと考えている．

　結局，ソニーショックと後述のリーマンショックに加え，（筆者の造語だが）独法化ショックが加わり，筆者が期待していたようなブームの芽はことごとく摘み取られていた．これに対して何か分かったようなことを書くのは憚られるが，基本は「不景気なときこそ公共事業（特に研究開発への投資）」ではなのではなかったのかな，と考えることはある．それから，雰囲気が悪く金回りも悪ければ，逃げられるほど能力の高い人から順に，人は逃げていく．

　ただブームが来ないことには不景気以外にも理由があった．それはこのあとすぐに説明する．また筆者が退場したあと，同年代の研究者たちが研究やロボット学会周辺での集まりを通して流れを大きくしてきたおかげで持ち直しつつあることも申し添えておく（大野 2023）．

（3）測域センサの登場
①筑波大学知能ロボット研究室
　また時間を数年戻す．辞めるという個人的な話はさておき，ブームまでの「時間を早める」ため，筆者もとりあえず仲間を作って何かしようと動いてはいた．特に近い研究をしている筑波大学の知能ロボット研究室（以下，油田研究室）の皆様と仲良くなろうと，大勢で見学に来ていただくなど交流を図っていた．

　この際に一番強く記憶に残っているのが，当時博士課程の学生だった冨沢哲雄（現，東京工業高等専門学校）から話を聞いた測域センサ（北陽電機のURGシリーズ）の試作のことである．いつごろだったか記憶があいまいなので，すでに発売後だったかもしれない．先述のように，2000年代前半はLiDARというと大きく重いSICKしかなく，実験用の移動ロボットにドンと搭載するしかなかった．これを一気に小型化することを油田研究室と企業で試みている（いた）ことを教えていただいた．

　結局，「ブームが来ない」という違和感は，ハードウェアに対する筆者の浅慮から生じていたものであった．油田研究室では容易に組み立てられ，メンテ

ナンス性のよい移動ロボットのハードウェアを長年開発していた．一方，その時期その時期のソフトウェア研究の第一人者も所属しており，「自律移動ロボットにどんなセンサやその他ハードウェアが必要なのか」ということに対し，世界で最も早くコンセンサスがとれていた集団になっていたものと考えられる．

② URG シリーズの開発

移動ロボット用の測域センサの開発の経緯については，文献（嶋地 2016；油田 2005）などに経緯が記載されている．本章の執筆にあたり，これらの文献の両著者にそのときのことを伺ったので，そのなかから補足を書いておく．

まず，北陽電機には障害物検知用の市販品があったので，測域センサの話があがったときには既に技術的な目処は立っていた．しかし，精度を目標まで上げるのに苦労したとのことである．また技術的なこととは別に，移動ロボットというもの自体が世の中にほぼないときに，市販までこぎつけるための交渉ごとも大変だったそうである．

逆にこれらの課題が突破できると，他社はしばらく入ってこられない．ロボカップ（福岡で開催された2002年の世界大会）や，大きな国際学会（2004年に仙台で開催された，冒頭に触れた国際学会 IROS）におけるデモ展示で小型の測域センサが世界的に知られ，発売後にシェアを伸ばしていった．

また興味深いこととして，油田信一教授自身に超音波センサにこだわりがあって，測域センサの開発前は，レーザースキャナの導入に積極的ではなかったというお話をいただいた．あとで測域センサの開発に関わられていらっしゃるので筆者がとやかくいうことではないが，ブームまでの時間を進めるという観点からすると，筆者が非常に興味を持った事例である．

（4）つくばチャレンジ

その次の国内での大きな動きは，2007年からのつくばチャレンジの開催である（油田 2018）．つくばチャレンジは，設定された数 km の経路を，図 3-5 のようなロボットに自律走行させる技術チャレンジである．これで（話を単純化すると）SICK → URG，Probabilistic ROBOTICS →確率ロボティクス，DARPA グランドチャレンジ→つくばチャレンジと，ハード，ソフト，技術チャレンジが，国内の状況に合った形で揃うこととなった．

確率ロボティクスの面からつくばチャレンジを見ると，DARPA グランド

図3-5　つくばチャレンジ2016を完
走した千葉工業大学未来ロ
ボティクス学科林原靖男研
究室のロボット

出所）筆者撮影.

チャレンジと同じく，各チームで地図を作成し，その地図上で安定して自己位
置推定できることが完走の大きな条件となる．大会が開催されて以来，URG
や他の LiDAR の計測可能な距離が伸びたり，3 次元化したり，GPS や GNSS
（global navigation satellite system）による測位技術が向上したりと，ソフトウェ
アに入力する情報の質と量が向上している．

　そのような技術的なことも興味深いが，移動ロボットに携わる人が国内で多
くなったことも重要である．筆者自身は転職していたので，つくばチャレンジ
を見学したのは2015年が初めてであった．このとき屋外で移動ロボットを動か
そうとしている学生が100人以上集まっているのを見て驚いた．筆者の学科か
らの参加者も，卒業後に移動ロボットや自動運転車の開発に携わっており，こ
の人数の影響力は計り知れない．油田教授から話をお伺いした際，「こんなに
移動ロボットを動かせる人がいるんだ」という言葉が出たのが印象的だった．

おわりに

　本章では，1999年の MCL の発明から現在までの，自律移動ロボットや自動
運転車の技術が確立していった流れについて記した．短期的な意味でのイノ

ベーションについては，MCL や SLAM の発明がそれにあたる．しかしそれだけでなく，世界的な技術チャレンジとなったロボカップや，国内で技術が広がる場となっているつくばチャレンジ，ハードウェア面で難易度を下げた LiDAR や測域センサ，そして教科書も，技術の確立へ導いたイノベーションの原動力である．これらがパズルのピースのように揃って技術が確立したことを考えると，イノベーションについては，短絡的にならずに時系列で考える必要があることに気づく．他の現在重要な技術でも同様で，世間が騒ぎ出す何十年も前から試行錯誤していた人たちがいたし，筆者もそのような研究者や技術者を見てきた．

　また，時系列と対になる空間で考えても，これまで記述したように研究の現場では国内外の多くの動きが絡み合う．このような記事にやたら短絡的に「日本発」を期待する人がいるが，話はそう単純ではない．ただ，ロボット学会関係者の貢献は世界的にも大きかったことは記述しておく．

　いつの世もそうであるし，筆者も専門外のことだとそうかもしれないので言ってもしょうがないことであるが，何か技術がブームになると，世間の人が気にするのは自分たちの利便性と，誰がそれで大金を得たかくらいである．全く的外れな人物が時代の寵児扱いされることもある．しかし政治や経済の方面から技術を利用する立場の人たちがその程度の浅い見識しか持たないと必ず失敗するし，数十年後の実用化への足を引っ張ることにもなる．パズルのピースが揃わないと，発明は何年も放置される．「論文数が特許数が」，「日本には〇〇がいない」などと騒ぐ前に，マネジメントする立場の人間が若い人から新しい技術を学び，ピースになるのは何なのかを考え，先回りして準備していく（あるいは邪魔しない）ことが求められる．おそらくそれは，自分自身を蚊帳の外に置いて評論家のような態度をとるよりは，楽しいことなのではないだろうか．

　また，時間，空間を広げて考えると，技術競争で何かの出遅れがあっても，それを挽回することは可能であると気づく．翻訳書が復刊したとき，他分野の研究者らしき人が「いまさら遅い」などと口汚くインターネット上に書いているのを発見したことがあった．確かにそう言えるかもしれないが，イノベーションを本流にするには吐き捨てや狼狽よりも粘りが重要である．国内で裾野が広い産業といえば自動車産業であるが，自動車は日本で発明されたわけではない．筆者は現在，なにか大きなプロジェクトに関わっているわけではないので大口を叩けないが，教科書（上田 2019）について動画で解説したり，自身が

書いたプログラムを公開したりと，自分なりにさまざまな試みに取り組んでいるところである．各自，自分なりにできることをやって前に進んでいき，チャンスがあれば一気に攻勢をかけることが重要ではないかと考えている．ロボット学会についても慌てず騒がず，黙々とSFをやり続けるのを助けてくれるものと，一会員として今後も期待している．

参考文献

Thrun, S., Burgard, W. and Fox, D. (2005), *Probabilistic ROBOTICS*, MIT Press（上田隆一訳『確率ロボティクス』，毎日コミュニケーションズ，2007年）．

浅田稔，國吉康夫，野田五十樹，北野宏明（1997），「研究活動とロボットコンテスト（RoboCup）」，『日本ロボット学会誌』，15(1)，pp. 1001-1004.

上田隆一（2019），『詳解 確率ロボティクス』，講談社．

―――（2023），「技術チャレンジの中で育った確率ロボティクス」，『日本ロボット学会誌』，41(5)，pp. 443-450.

―――（2024），『ロボットの確率・統計』，コロナ社．

大野和則（2023），「データ工学ロボティクスの始まりと受容」，『日本ロボット学会誌』，41(5)，pp. 437-442.

嶋地直広（2016），「移動ロボット用小型軽量測域センサの開発」，『日本ロボット学会誌』，34(10)，pp. 659-662.

友納正裕（2018），『SLAM入門――ロボットの自己位置推定と地図構築の技術――』，オーム社．

日本ロボット学会監修，香月理絵編著（2021），『自動運転技術入門――AI×ロボティクスによる自動車の進化――』，オーム社．

藤田雅博（2002），「4脚ロボットリーグの技術課題と展望」，『日本ロボット学会誌』，20(1)，pp. 15-19.

桃田健史（2015），「DARPAロボットコンテストはなぜ開催されたのか，背景の『可能性』と『きっかけ』」，MONOist（https://monoist.itmedia.co.jp/mn/articles/1506/09/news026.html，2024年6月13日閲覧）．

油田信一，大矢晃久，嶋地直広（2005），「『知能ロボット用測域センサ』の商品化」，『日本ロボット学会誌』，23(2)，pp. 181-184.

油田信一（2018），「つくばチャレンジ：市街地における移動ロボットの自律走行の公開実験――11年の経緯と成果――」，『第23回ロボティクスシンポジア講演論文集』，pp. 59-66.

第Ⅱ部　イノベーションの商品化・社会実装

第4章

感性工学におけるイノベーション
——意味のイノベーションに向けた一次的意味と二次的意味のインタラクション——

日本感性工学会　小澤　真紀子

1　日本感性工学会とイノベーション

　感性工学は，感性という価値の発見と活用によって社会に資することを目的とする学問である．当学会は1998年に設立され，感性を活用した情報工学・人間工学・認知科学・心理学・デザイン学などの諸領域にわたる学際的研究，さらにこれら成果の事業化や産業化の検討など，領域横断的なテーマに積極的に対応している．高機能，高信頼性，低価格という従来の価値の枠組みが競争力を失い，これら3点のみでは価値の源泉になりにくい環境下，感性は第4の価値に位置づけられている（経済産業省 2007）．大量生産される物質的な豊かさの追求から脱却し，平和で豊かな社会に資するために，人間の根源的な能力としての感性を中心にした科学技術としての感性工学の創成に挑戦している．

　当学会では，和文論文誌『日本感性工学会論文誌』，英文論文誌 *International Journal of Affective Engineering* を刊行している．「イノベーション」を題目に含む論文としては，京都老舗企業の商品・サービスを対象に，伝統と革新の本質をイノベーションの視点から分析した研究（入澤・長沢 2012, 2013）が筆頭に挙げられる．入澤・長沢は，老舗企業の骨格を成す伝統の実現を支えてきたのは持続的イノベーション，時代の変化に適応するための革新を実現しているのは破壊的イノベーションで，そのイノベーション種別により感性価値が異なることを検証から明らかにしている．

　このように，当学会で活発に議論される学術的研究の多様な応用は，感性ドリブンによるイノベーションへの貢献といえる．感性工学の活用で得られた成果は，企業の開発プロセスにフィードバックされる．生活者の感性に訴える商品化により，脱コモディティ化を達成し，商品およびサービスの価値や意味が革新されるのである．

2　研究の背景と目的および先行研究レビュー

（1）研究の背景と目的

　近年，企業が製品の意味に着目しイノベーションを生起する新たな傾向が見られる（Verganti 2009, 2017；八重樫・後藤・安藤・増田 2019）．ここでいう意味とは，人々が対象の製品を理解する象徴的な理由を指す．あらゆる製品カテゴリーにおいてコモディティ化が進行し，製品の価値向上や新たな市場獲得は，日本企業の事業存続において命題の１つとなっている．製品（プロダクト）イノベーションは，技術主導型のテクノロジー・プッシュ（Teece 1989）と，市場牽引型のマーケット・プル（Griffin and Hauser 1996）が対峙される形で議論されてきた．しかし，製品開発において技術革新によるイノベーションは容易に生起できるものではない．このような潮流の中，新たなイノベーションとして，人々の感性に訴えかけ既存の意味を革新し価値ある製品として意味づけを行う意味のイノベーション（意味の急進的な革新）に注目が集まるのは必然ともいえる．意味のイノベーションは，デザイン・ドリブン・イノベーションの中でも，急進的なイノベーションに位置づけられる（Verganti 2009）．

　意味のイノベーションは研究領域としては新しく，分析対象はイタリアを中心とした先進国の事例が中心で，日本での学術的な研究蓄積は少ない．一方，日本のものづくり企業の９割以上はリソースに乏しい中小企業で，新製品開発への投資は困難を極める．さらに，機能のみでは製品価値の源泉になりにくい環境下，市場優位性のある製品の創出には，既存常識とは一線を画すものづくりのパラダイムシフトの必要性に迫られているのである．象徴的な意味に着目する行為は，製品に対する価値軸の転換を探索する契機となる．然るに，産業の成熟化が益々加速する中，日本企業が持続的な製品開発および新たな価値創出に援用できる意味のイノベーションに関する要件の導出が求められる．

　その視点において，製品の伝統的な意味が革新した示唆的な成功事例が存在する．意味は企業と市場の人々のインタラクションで形成されるが，それらの意味のイノベーションはどのような条件が揃い成立に至ったのであろうか．それが本研究で明らかにすることである．したがって，意味のイノベーションに関する代表的研究であるベルガンティ（Verganti 2009, 2017）の議論を発展させ，日本企業における製品の意味が革新される要件を事例とともに検討する．

　本研究では，製品の意味が急進的に革新され既存とは異なる市場を創造した状況を，意味のイノベーションの成立と定義する．企業が生成する意味を一次的意味，人々が解釈する意味を二次的意味と定義する．製品外観の構成要素は，カラー（色彩），フォーム（形態），マテリアル（材質）の 3 要素と定義する．製品の意味および意味に影響する製品外観，両者の変化を扱うため，意味の変化を「革新」，製品外観を企業が自発的に変更する行為を「変革」と定義する．

（2）製品イノベーションに関する研究

　製品（プロダクト）イノベーションは，シュンペーターが提示した 5 つの新結合の 1 つで，これまでにない革新的な新製品の開発や市場投入と定義づけられる（Schumpeter 1926）．新製品の定義は既存研究で明確に定義づけられてはいないものの，製品イノベーションの代表的なアプローチには類似品型が包含される．文部科学省の日本における製品イノベーションの調査報告では，既存製品の構成要素である機能やデザインを全く新しくしたものだけではなく，一部を高度化したものを含み新製品と定義している．これらのことから，製品の機能やデザインを一新しない，いわゆる製品リニューアルの次元であっても，意味が革新された製品は新製品と定義するのが共通の見解と考えられる．

　製品イノベーションの研究は，技術主導型のテクノロジー・プッシュ，市場牽引型のマーケット・プル，いずれかの領域に焦点が当てられてきた．デザイン・ドリブン・イノベーションは，源泉が技術や市場とは異なる視点で第 3 のイノベーションとされる．製品の象徴的側面である意味がイノベーションの源泉で，その鍵がデザインにあることを示唆する研究である．製品イノベーションにおけるデザインの有効性については研究蓄積がある（Bloch 2011）．しかし，研究の多くは既存製品の構成要素を一新した新製品開発が対象である．市場投入される製品に目を向けると，既存構成要素の一部を改良した製品が多く存在する．したがって，製品リニューアルの次元での検討も必要といえる．

（3）製品の意味・価値に関する研究

　延岡は，製品価値を機能など客観的な基準で決まる機能的価値と，ユーザーが主観的に意味づけることで生まれる意味的価値に大別した．機能ドリブンに依存した日本の製造業に疑問を呈し，意味的価値の創出こそが製品の全体価値を底上げするとその有効性を強調する（延岡 2011）．

　機能ドリブンの限界から意味の側面を製品デザインに展開し，製品の意味への理解のプロセスを扱った研究に製品意味論がある．製品意味論の「デザインはモノ（製品）に意味を与えるもの」との概念は，工業社会の機能主義的なデザイン観の限界に対する批判とされる．クリッペンドルフは，企業が製品に意味を付与するには人工物に対し企業が考える一次的理解ではなく，ユーザーの多様な二次的理解のメカニズムを知る必要があるとし概念モデル化している（Krippendorff 2006）．このモデルでユーザーの製品に対する理解は，製品に接近し生じる感覚，意味，行為のサイクルで構成され，意味づけは感覚と意味の相互作用で説明されている．これらの研究は，機能主義に依存した議論を指摘し，企業が意味に着目する重要性を示唆する点で共通する．

（4）意味のイノベーションに関する研究

　意味のイノベーションは，製品意味論を参照した研究系譜で，デザイン・ドリブン・イノベーションから生み出された概念である（Verganti 2009；Utterback 2006）．現在ベルガンティの研究が中心的概念で，デザインにより生起し意味が急進的に革新される現象と定義づけられている（Verganti 2009, 2017）．ここでのデザインとは，カラー・フォーム・マテリアルを操作する造形行為を指す狭義のデザインではなく，「デザインはモノに意味を与えるもの」というクリッペンドルフの概念を参照した広義の定義を指す．

　Verganti（2009）は，製品の意味の革新は，ユーザーニーズに応える漸進的な改善ではなく，既存ユーザーから離れた領域で生起されると強調し，事例分析によりその有効性を示している．人々が製品を使用する情緒的な理由など，既存製品にはない潜在的な意味を企業が広く問う行為が意味のイノベーションの鍵で，新たな意味の生成手法としてデザイン・ディスコースの重要性を主張する．デザイン・ディスコースとは，企業を取り巻くデザイナー，研究・教育機関など，デザイン価値を共有する多様な職種の interpreters（解釈者）から構成され，新たなビジョンを精緻化するため批判精神が必要とされる．このように，意味の革新は企業の意味生成に軸足が置かれ，製品に対する既存の意味をもつユーザー中心のマーケット・プルの限界を示唆する研究とされる．

　一方，人々にもコンテクストがあり，一次的と二次的，両者のオーダーで製品を理解する（Eisenman 2013）．企業が提示の一次的意味を製品外観を通して認知し，使用，経験，行動の変化を通して二次的意味として解釈するため，企

業の意図どおりに意味が解釈されるとは限らない．このように製品の意味は動的だが，意味のイノベーションに関する研究は，企業が意味を生成し人々に発信するフェーズが中心で，その先の人々の意味解釈すなわち意味の動的フェーズについては，近年領域の発展が若干見られるものの，殆ど検討されてこなかった（八重樫・後藤・安藤・増田 2019）．その視点の貢献に，企業が意図する一次的意味と人々がサービスを通して解釈する二次的意味の関係について動的な検討を試みた Goto（2017）の研究がある．製品外観に対するポジティブな感情がその後のサービスを受ける動機となり，企業のメタファーの使用が一次的および二次的な意味の一貫性に影響したことを明らかにしている（Goto 2017）．

　意味の創出につながる製品の審美的な革新は，感性的魅力や二次的意味として評価される幅を広げる（Eisenman 2013）．このように，人々が解釈する二次的意味において製品外観の影響を示唆する研究は存在する．企業が製品の意味を革新する上で，製品外観の各要素を決定するデザイン行為は必ず必要となる．ここでのデザインは造形行為を指す狭義に当たるが，意味のイノベーション研究においては，モノに意味を与える広義のデザインで生起した新たな一次的意味を，製品外観のデザインにどのように落とし込むかに踏み込んだ議論は成されていない．しかしながら，製品開発において広義のデザインと狭義のデザインは一連の企業プロセスで行われる．然るに，意味のイノベーションの成立を探るには，意味と製品外観の関係性についての具体的検討が必要と考えられる．

（5）先行研究のまとめと限界

　先行研究には，次の限界が見える．第 1 に，製品イノベーションにおいて，実務的には既存製品の一部の構成要素を改良，いわゆる製品リニューアルの次元で意味が革新した現象は多数存在する．それにも拘らず，学術的には既存の構成要素を一新する新製品開発が主要な研究対象で，リニューアルの次元に着眼した研究蓄積が少ない．第 2 に，意味のイノベーションはデザインにより生起されるが，企業による意味の生成は広義のデザインにあたり，製品外観への落とし込み（ビジュアライズ）は狭義のデザインとして捉え直す．すなわち両者のデザイン行為は一連の企業活動で行われるにも拘らず，意味のイノベーションの研究対象は企業の意味生成に立脚している．第 3 に，人々との最初の接点となる製品外観について，意味の革新に資する研究が深められていない．第 4 に，意味のイノベーション研究の多くは，人々が解釈する意味とのインタラク

ションすなわち意味の動的フェーズの議論が乏しい．したがって，企業が生成した一次的意味を製品外観にどのようにビジュアライズし，いかなる条件で人々の認知的反応を促し，二次的意味として解釈され意味の革新に影響したのか，その理由や要件には十分に踏み込めておらず，これらの解明が求められる．

3　分析枠組みと調査対象

（1）研究課題と分析枠組み

　先行研究の限界を受け，意味のイノベーションの代表的研究であるベルガンティ（Verganti 2009, 2017）の概念を足がかりとし，日本のものづくり企業および製品を対象とした事例調査をもとに，人々の最初の接点となる製品外観の変革要素に着目し分析を進める．既存製品と新規製品の外観的ギャップは，人々の製品への認知的反応や意味の解釈に何らか影響し，意味の革新に影響する共通要件が存在すると考えられるためである．したがって，製品外観の変革要素を拠り所とし，一次的意味と二次的意味のインタラクションによる意味のイノベーションの成立要件について示唆を得ることを目指す．

　企業が新たな意味を製品外観にビジュアライズさせる際，各構成要素に具体的に落とし込む開発行為は必ずある．人々もまた企業が生成した新たな意味に触れるには，最初の接点である製品外観が新たな象徴的次元を予感させないと手に取り行動を促されない．一方，企業が生成した一次的意味が人々にポジティブな感情を促すとは限らないのである．したがって，企業と人々を媒介する製品外観の変革要素に着目して意味の革新が成立する要件の解明を行うことは，意味のイノベーションに関する研究領域の発展において意義があると考えられる．これらの枠組みを検討するため，リサーチ・クエスチョンを設定する．

　　ＲＱ１：企業は一次的意味をどのように製品外観にビジュアライズさせているのか．
　　ＲＱ２：人々は製品外観からどのように二次的意味を解釈しているのか．

（2）調査対象

　日本のものづくり企業のうち，製品外観が変更され意味のイノベーションが成立，すなわち本研究で定義する製品の意味が急進的に革新され既存とは異な

表4-1　調査対象企業一覧

	K社	I社	A社	N社
創業／従業員数	1923年／380名	1902年／80名	1853年／235名	1915年／124名
調査時期	2018年11月	2018年9月，12月	2022年12月	2018年9月 2022年12月
調査対象	文具・雑貨用 マスキングテープ mt	南部鉄器 急須	マスク PITTA MASK	医療用ユニフォーム (看護師専用スクラブ)
対象商品写真				

出所）筆者作成.

る市場を創造した成功事例を調査対象とした．製品外観を媒介し企業が生成した一次的意味と人々が解釈する二次的意味，両者の関係を扱うことから，企画から開発まで一貫して行う4社を選定し，開発従事者に対し半構造化インタビューによる質的調査を行い検討を進める．調査は対面で実施し，分析視点は，企業の意味生成における起点，製品外観の変革要素とその度合い，市場における人々の意味解釈とし，分析視点ごとに聞き取りを行った．製品外観の変革要素は，筆者が製品の実物またはカタログにて目視で確認した．調査対象企業は**表4-1**に示すとおりで，研究目的を説明の上自由意思で研究の同意を得て，調査対象者の個人情報およびプライバシー保護のため十分な倫理的配慮を行った．

4　製品の意味を革新した企業の成功事例

（1）K社製品における意味の革新概要

同社の工業用マスキングテープは1960年代より製造され，現在国内シェアの約6割を占める．新たな文具・雑貨用マスキングテープ開発のきっかけは，2006年に3名の女性（以下，彼女たち）からの1通のメールである．彼女たちはマスキングテープを業務用ではなく雑貨として扱っていた．彼女たちの1人が経営するカフェでマスキングテープに関する自主制作本の展示会を企画し，小冊子を手作りで100冊制作したところ完売していた．第2弾の制作にあたり，製造工程を見て冊子制作に生かせれば，多くの人にマスキングテープの良さを伝えられると考え，製造メーカー複数社に工場見学の依頼メールを出した．その1社が同社で，工場見学に応じたのは同社のみだった．

　彼女たちは，和紙のテクスチャーや再剝離性をセロテープより便利と捉え，カラフルで可愛い雑貨として扱っていた．その使用方法へのこだわりや彼女たちの感性に触れ，各人の文化の違いが製品やカラーに対する感覚にこうも差をつけるのかと驚いたという．彼女たちは新たなカラー（ダークブラウン）の製造を切望したが，工業用の大量生産が主流の同社では小ロット提供が実現せず一旦話は終わった．しかし2007年，彼女たちが開催の巡回展で新たな20色を製造し提供するので，テスト販売してもらえないかと同社から持ちかけた．

　開発には調色や色の再現性など技術的課題が出現し，マスキングテープの品質を担保するため何度も試行を重ねた結果，製品カラーの新たなリソースを得ている．彼女たちの目標色に近づくようにやり直しを重ね，ようやく20色のマスキングテープが出来上がり発売が実現したのは翌2008年である．このテスト販売が，彼女たち以外の人々が製品の新たな外観と意味に接点する最初の機会となった．彼女たちの感性に響くカラーや使用方法を再現した新たな製品が，人々の経験を早期に促し意味の再解釈に貢献したと考えられる．

　発売直後はその新規性から使用方法が理解されず苦労したが，1年経過しないうちにメディアに取り上げられ，他社の追従も手伝い一気に市場を席巻した．最初の量産から10年以上が経過した時点で約300色を誇る．同社では工場見学「mt FACTORY」を年1回開催しているが，参加は抽選になる程の盛況ぶりで，同社屋はマスキングテープの聖地といわれ，文具・雑貨用マスキングテープといえば同社の製品名称がフラッグシップとして認知されている．ヨーロッパや中国など約25か国で発売され，その意味はグローバルに受容されている．

（2）I社製品における意味の革新概要

　400年以上の歴史を誇る南部鉄器としては後発の企業である．同社が国内の鉄器市場に限界を感じ，海外販路に目を向けたのは今から30年以上前である．きっかけとなったのは，フランスの紅茶ブランドMFより「黒・茶ではなくカラフルな急須を開発してほしい」と依頼を受けたことである．当時，伝統的な鉄瓶は茶道など特定シーンのみで使用され日本人のライフスタイルに密着しておらず，国内需要の足止めは明らかで既存製品では生き残れないと考えていた．

　製品外観の変革には，ベテランの職人から反発があった．南部鉄器といえば黒や茶の暗い色が当たり前に根付いており，別のカラーは業界規範では考えられず違和感しか感じなかったためである．しかし，大きな危機感を抱えていた

経営陣は，伝統を守りながらも時代にあう製品を製造していくべきと考えた．

　同社は，この製品外観の変革による量産に実に 3 年を要している．その要因は 2 点の技術的課題で，幾度となく挑戦した結果，塗装技術の向上および新たなホーロー加工の技術を獲得している．海外では錆びを嫌う人が多く，フランス人がティーポットとして使用しやすくするには，直火にかけるタイプではなく，急須として内部に錆び止めを施すホーロー加工が必須であった．同社の製品開発の根底には，伝統と革新の精神があり，技術を伝承しながらも時代に合わせイノベーションしていこうという組織文化も素地となった．

　当時フランスでは日本文化への造詣が深まっており，開発された製品は MF の店舗で紅茶と共に販売された．初動10色程度だったバリエーションは，上色と下色の掛け合わせから約120色が実現可能となった．同社はグローバルな仕向け先に応じカラーを戦略的に変えており，持続的な意味革新の現象を表している．フランスを始めヨーロッパでの販売価格は国内の 2 倍以上で，同社の社名が南部鉄器の代名詞になっているほどで，ライフスタイル嗜好品として市場浸透している．その後，新たな製品外観は日本でも人気を博した．南部鉄器に対する人々の再解釈を促し現代版の意味に再定義させただけではなく，元々の伝統的な意味も再認識され，それらの統合で新たな価値を得たと考えられる．

（3）A 社製品における意味の革新概要

　医薬品の製造販売を行う同社は，2013年に「PITTA MASK」を販売開始，マスク市場に参入した．開発のきっかけとなったのは，花粉症の人々を対象とした調査で，約80％が不織布マスクでは花粉対策が不十分と感じているとのデータである．当時のマスクは白でプリーツ型の不織布が圧倒的で，着用時に顔との間に隙間ができ遮断性の面で課題が顕在化していた．その課題を解決すべく，顔の形にぴったりとフィットするマスクの開発に着手した．協力企業と研究を重ねた結果，柔らかく伸縮性のある新ポリウレタン素材を採用，顔にぴったりとフィットする立体型で，花粉を99％カットするフィルター性能や呼吸しやすい通気性を確保したマスクの開発に成功した．その特性は製品名称からうかがえ，既存マスクのフォーム・マテリアルとは一線を画す製品外観となった．

　さらに当時の調査で，「オシャレをしてもマスクが浮きファッションを諦めている」との声が聞かれる．スタイリッシュなフォームの「PITTA MASK」で白以外のカラーを開発すれば，その課題を解決できると考えていた．しかし，

2013年当時マスクは白との固定観念が市場にあり，他カラーは難しいとの予測意見も社内で聞かれ白1色で上市した．その後製品拡充方法を検討し，2014年にサイズバリエーションを追加した．同時期に既存の不織布マスクの黒を着用する現象が見られるようになる．その段階では黒のマスクは怖い印象が否めなかったものの，低明度のグレーを発売したことで国内外のタレントを中心に着用者が増え市場評価を得た．2017年，口元を覆う息苦しさでマスクをネガティブに捉える子供が前向きに着用できるよう，高彩度色のキッズ用マスクを発売．加えて2014年発売のグレーより柔らかい印象を求め，高明度のグレーを発売し好評を得た．2018年にカラーバリエーションを一気に増やし製品インパクトを加速させ，発売初年度より売上が100倍近く伸長した（コロナ禍前の時点）．

　発売当初，マスク市場に立体型フォームおよび不織布以外のマテリアルは殆どなく，製品外観の新規性は女性には違和感に映るケースも聞かれたが，その印象の棄却に新たなカラーが貢献している．マスクの着用は花粉や風邪予防などネガティブな動機が中心だったが，「PITTA MASK」の誕生がファッションアイテムとして着用を楽しむ人々の行動につながり，マスクの意味がポジティブに革新された．現在は14カラーをベースに展開し，パリコレクションでのブランドとのコラボレーションなど，その意味は進化と拡張を続けている．

（4）N社製品における意味の革新概要

　医療ユニフォームの専門メーカーとしてトップシェアを保持し続けている企業である．企画から生産物流まで一貫体制が整備され，常に新製品を開発し業界を牽引している．日本において看護師は職業的に清潔感を求められる傾向があり，患者の前に出ても恥ずかしくない，職業として見せるウェアの特性をもつ．そのためハードな動きでもシワになりにくく美しい造形を保つことが機能的要件となる．社会保障費のうち医療費が膨れ上がり看護師人口も減少するなか，ユニフォームの外観はどれも似ており大きな差別化は難しくなっていた．

　スクラブの元々の主用途は手術用下着で，ガウンを羽織り着用するため汗を吸いやすい素材で，首元がVネックの被って着用する半袖タイプを指す．スクラブが青緑だったのは，手術中に患者の血液や臓器を見続けるため，赤色の残像を軽減させ医療行為をしやすくする色彩心理の視点からである．

　契機は，1995年アメリカのドラマ「ER緊急救命室」の日本での放送である．ダークレッドやネイビーのスクラブを着用した看護師の姿は，白衣が常識の日

本人には初めて見る光景だった．1999年，日本のドラマ「救命病棟24時」で一部の医療従事者がスクラブを着用，新たな外観は徐々に認知された．当時流通のスクラブは，手術用下着を青緑以外のカラーに単に変えたもので，綿混率が高くゴワゴワした材質で，運動量の多い看護師には着心地が白衣より劣っていた．その現象をいち早く察知し，看護師専用スクラブの開発に着手した．

　同社では，担当営業が全国の医療機関で働く看護師の生の声を継続的に拾い上げることで市場ニーズを把握し，製品デザインに反映して開発する一貫システムが長年根付いている．ユーザーの具体的な声を同社の知見を入れ解釈しており，看護師専用スクラブも同仕組みで開発された．看護師の業務や行動の熟知は，同社がユニフォームに対する看護師のコンテクストの理解に及んでいることと同義といえ，新たな意味を纏った製品外観やビジョンを着用者の看護師に直接説明する仕組みは，意味の持続的な革新に貢献する大きな強みといえる．

　スクラブは瞬く間に浸透し，白衣に変わるスタンダードなユニフォームとなった．患者にどう見られるかから自分たちがどう見られたいかの能動的基準，楽しく働いてほしいと看護師に選ばせ採用する病院，患者の不安を緩和し安心感を届けるツールなど，製品の意味は拡張を見せている．近年では，ブランディングの重要要素に位置づけられるなど意味は進化し，それに呼応する形で同社は看護師とのインタラクションを通して積極的に新たな提案を続けている．

5　意味のイノベーションの成立要件

（1）一次的意味 －企業の意味の生成，ビジュアライズ－
　企業が一次的意味をどのように生成し，製品外観にビジュアライズさせたのかについて，次の4点の視点で考察を行う．

① イノベーションの起点
　K社とI社，A社とN社では，イノベーションの起点に違いが確認された．K社とI社は，意味の革新ではなく製品外観の変革として着手したことが分かる．結果的に意味の革新につながったが，企業が意味の革新手段として製品外観を変革しておらず，初動は新たな意味の生成を戦略的に意識していない．外部から持ち込まれた製品外観に対する具体的な声は，両社ともにカラーの変革でデザインの一新ではないため着手しやすかったと考えられる．A社とN社

は，製品の新たな意味としてビジョンを掲げ，その創出手段として製品外観の変革要素の最適化を探索している．製品外観の差別化が皆無の製品カテゴリー・業界ゆえ，各社は製品外観の重要性を認識しており，意味の革新手段として同時に外観の変革を検討することで，開発段階で新たな意味を製品外観に落とし込みやすかったと考えられる．その過程で，人々の潜在的ニーズなど社会文化的要因を広くキャッチし，最終的に企業自らのコンテクストで捉え直し，主体的に新たな意味や使用方法を市場に提示している．このように，I社・K社とA社・N社ではイノベーションの起点に明らかな違いが認められる．

② 問いの立て方，デザイン・ディスコース

　K社・I社は，結果的に意味が革新されたため，開発の前段階で企業が問いを広く設定し製品を再解釈する行為，および自発的なデザイン・ディスコースは行われていない．しかし，企業外部から持ち込まれた製品外観の変革が新たな意味を纏っていたといえ，呼応する行為の中で表出した拒否感や違和感が，批判精神を内包したデザイン・ディスコースの行為に該当したと考えられる．A社・N社は，問いの背景・対象者・目的を広く設定し，ベルガンティが主張のinterpreters（解釈者）ほど多様かつ広域ではないものの，批判精神をもち定期的なデザイン・ディスコースで新たな意味を問うている．これらの行為に，外部の声を内部で解釈する自社独自の仕組みが貢献していると考えられる．

③ 企業の動機づけ，製品が置かれた市場背景

　4社の動機づけ，製品環境には共通項が見られる．分析企業を含め業界全体で，製品外観の大きな変革が皆無で保守的な特性をもち，製品の意味が支配的で長年固定的な点である．K社・I社は，新たな意味の源泉となる声が外部から持ち込まれたが，K社のケースでは工場見学に応じたのは同社のみで，I社も南部鉄器の同業他社から伝統を裏切るのかとの声もある中で挑戦を続けた．A社・N社も，既存の意味に留まらず拡張領域まで広く踏み込み，新たな社会現象やトレンド・兆しを探索している．これらのことから，外観の大きな変革がない製品カテゴリーの場合，企業には製品に対する強い固定観念が存在する．ユーザーも同様と考え，企業のイノベーション活動を更に阻害する．一方で，製品ライフサイクルが成熟期以降を迎え，企業外部とのインタラクションを通して悩み半信半疑ながらプロセスを進めているのが分かる．製品外観の一

新は，固定観念から既存製品を捨て去るとの意識につながりやすいが，一部の変革は継承する構成要素がある．企業行為としては製品外観の一部変更と表層的に捉えていても，製品が置かれた市場背景が貢献し，製品イノベーションの動機づけとして有効に働いたと考えられる．

（2）意味の革新状況，製品外観の変革要素

企業が変革した製品外観要素について考察を行う．製品外観から認知されるインタンジブルな特性は，概ね 3 点の側面に分類される（Rampino 2011；Crilly, Moultrie and Clarkson 2004；Candi 2006）．第 1 は審美的側面で直感的な印象を指す．第 2 は機能的側面でデザインからもたらされる記号的解釈を指す．第 3 は象徴的側面で情緒的な意味を指す．製品の意味を扱う本研究では，象徴的側面に対する審美的側面および機能的側面の影響について分析した．

① 意味の革新状況

4 社の事例における製品の意味の革新状況を，**表 4 - 2** に示す．

次に，既存の審美的および機能的側面が象徴的側面である意味にどのような影響を与えていたか整理する．K 社の製品は，自動車や建築塗装用のシーリング用途に限定された製品外観が存在し業界内の差は殆どない．I 社の製品は，業界全体で長年固定の製品外観が存在し，バリエーションが少なく企業間の差も大きくない．A 社の製品は，メーカー間の製品外観はほぼ共通で，マスクといえばという固定観念が存在する　N 社の製品は，メーカーはさまざまあれど

表 4 - 2　各社における製品の意味の革新状況

企業名	既存の意味（中心）	新たな意味（中心）
K 社	工業用マスキングテープ（塗装のシーリング）	文具・雑貨用マスキングテープ
I 社	伝統工芸品（お湯を沸かす鉄瓶）	ライフスタイル嗜好品（ティーポット・急須）
A 社	衛生用品としてのマスク（花粉症・風邪対策）	衛生雑貨としてのマスク（ファッションアイテム）
N 社	職業的アイデンティティをもつ（医療従事者制服として統制された）看護師ユニフォーム	個人または組織アイデンティの象徴としての看護師ユニフォーム

出所）筆者作成．

製品外観はほぼ共通で，看護師ユニフォームに対する固定概念が存在する．これらのことから，4製品ともに分析対象を含め業界全体において企業間の差がなく，製品カテゴリー固有の伝統的な製品外観が存在し意味の固定に影響していることが分かる．換言すれば，象徴的側面と審美的および機能的側面の関係には一義性がある．これらが製品が置かれた市場背景であり，既存の意味は製品外観に支配されていた状況が共通要因として導出され，人々の製品に対する社会文化的コンテクストは一定のパターン化がなされていたことが示唆される．

② 製品外観の変革要素

　意味が外観に支配された製品全てが意味革新のポテンシャルをもっている訳ではない．したがって，4社が製品外観のどの要素を変革したのか整理した．その結果，共通変革要素は唯一カラーであることが分かった．視覚は五感の中で最も重要な役割をもつ（齋藤 2016）．カラーはユビキタスで情報源であり，製品評価の62〜90％はカラー単独に基づく（Singh 2006）．この象徴的事例がA社と考えられる．A社が初動で自発的に変革した要素はフォームとマテリアルで，その次元では顕在的な課題は解決されたが製品の意味は既存のままと考えられる．同社は新たなフォーム・マテリアルに対する市場浸透度を確認後，数年をかけ徐々にカラーバリエーションを増やしている．既存と大きく色差がない無彩色から開発し，人々が同社の意図する意味を解釈する現象を確認しさらに色差が大きい色を市場に出し製品外観の変革度を加速させている（表4-3）．

表4-3　各社における製品外観の変革要素

企業	K社	I社	A社	N社
変革要素	カラーのみ	カラーのみ	フォーム，マテリアル，次にカラー	カラー，マテリアル，フォーム細部
変革詳細	限定された数色 ↓ カラフルなカラー（複数の色相・トーン）	黒（無彩色）・茶（低明度低彩度色） ↓ カラフルなカラー（複数の色相・トーン）	プリーツ型 不織布，白 ↓ 立体型フォーム 新ポリウレタン ↓ カラーを徐々に追加	白衣が圧倒的なシェア ↓ 複数の有彩色 ポリエステル混 スクラブタイプ

出所）筆者作成.

（3）二次的意味——人々の製品認知と解釈，価値の変化——

　企業が生成した一次的意味をビジュアライズした製品外観に対する人々の製品認知と解釈，意味の革新による製品価値の変化について考察を行う．第5節（2）のとおり，意味の革新に影響した製品外観の共通変革要素はカラーであったが，4社ともに製品カテゴリー固有のカラーが存在し，歴史あるロングライフ製品である．換言すれば，既存の意味と既存カラーの関係は支配的で，その支配的要素を企業が変革したことが人々の製品への認知的反応の動機づけになったと考えられる．カラーはマテリアルと異なり，製品外観の変革レベルを視覚で瞬時に理解できることも影響したと考えられる．それでは，新たな製品カラーが意味の革新に影響した鍵となる共通的側面は存在するのか整理する．

① 外観変革要素の二次的意味への影響

　一般財団法人日本色彩研究所によれば，製品カラーの役割は機能的側面（識別性）と情緒的側面に大別される．この2側面が人々が解釈する既存の意味にどのような役割を果たしていたのか，さらに新たな意味への影響について分析する．K社は，工業用マスキングテープとして塗装のシーリング用に，自動車用は車体色が目立つよう黄色，建築用はブルーと，視認性の良いカラーが用途別に分けられていた程度で機能的側面しか影響していなかったと考えられる．I社は，黒・茶が中心であったが塗装の目的は歴史的に鋳物の防錆で，工業製品における初期の塗装色として古典的といえ，どちらの側面も大きく影響していなかったと考えられる．A社の白は，日常的なマスク着用者にとって両側面ともに大きく影響していたとはいえず，ポジティブな感情も乏しいと考えられる．N社は，圧倒的に白が占有し，患者が求める看護師の象徴として情緒的側面をもつものの，医療機関より支給される特性上職業を統制するユニフォームの役割が強く，着用者の能動的選択は殆どできない．したがって，看護師の意味解釈において両側面が大きく影響しているとまではいえないと考えられる．以上のことから，4社の事例ともに，人々が解釈する既存製品の意味にカラーの情緒的側面は大きな役割を果たしていなかったと分析される．

　それでは，新たなカラーを得たことで製品の象徴的側面がどのように変化したのか，新たな意味への影響とともに整理する．既存製品の意味とカラーは相互関係にあり，人々にとって強い固定観念の存在が示唆される．それらがベースのポテンシャルとして働き，人々が今まで見たことがない新たなカラーの審

美的ギャップがインパクトとして作用し，製品への認知的反応と接近を促した．使用，経験，行動の中で，それまで殆どなかった製品外観に対する象徴的側面が表出し，強い固定観念がポジティブな感情を伴い破壊された時，それまでの相互関係が打破され新たな二次的意味として解釈され意味が革新したと考えられる．4社ともに市場に投入された新たなカラーは，既存カラーと色空間において対照の位置を成す複数カラーであった．カラーには分類のパラメータ（色相・明度・彩度）があり，全ての色相において縦軸：明度，横軸：彩度で位置関係を色空間で示すことができるが，色空間で対照の位置を成す色同士は，人々から見れば既存と新規の色差が大きいと説明できる．この色差が固定観念の破壊に貢献したと考えられる．既存カラーと視覚的にギャップのあるユニークな複数カラーは，製品外観と意味の一義性の関係を打破し，製品群としてさらに幅広い感性の人々の経験を促し意味の多義性に影響したと考えられる．

② 意味の革新による製品価値の多様化

　人々は自らのコンテクストでさまざまな要因と対照させ，製品の意味を再解釈している．人々にとって意味がポジティブな感情を伴う場合，二次的意味は価値と同義と考えられる．4社ともに製品の新たな意味・価値は広がりを見せ多様化しており，その共通的側面を分析の結果，以下の要素に分類された（**表4-4**）．既存の意味から明らかに価値の拡張の方向性が確認でき，製品カラーの情緒的側面かつポジティブな感情が推進力になっていると考えられる．

（4）一次的意味と二次的意味のインタラクション

　4社のうちK社とI社は，初動では意味の革新手段として製品外観を変革しておらず，新たな意味の源泉となる声は企業外部の interpreters（解釈者）から持ち込まれた．しかし，両社は意味の革新を製品開発プロセスに組み込み持続的に行っており，その共通要因を考察する．K社の「文化の違いが製品やカラーへの感覚に差をつけると驚いた」，I社の「黒・茶以外は南部鉄器ではない」の声が象徴するように，外部からもたらされた意味を企業自身が解釈し取り込まなければ持続的なイノベーションは図れない．時間軸の変化とともに，両社は特定の外部者が付与した新たな意味を人々が同様に解釈する現象を見て，変革した製品外観が二次的意味に貢献する重要要素と認知する．それに伴い，初動で表出した新たな意味および製品外観に対する違和感，既存製品への固定

表 4 - 4　意味の革新による製品価値の多様化

カテゴリー分類	情緒的・象徴的側面	典型事例
使用価値	気分に応じた使用による満足感 使用時の創造性喚起	A 社：気分や洋服カラーと合わせた使用時の満足感，K 社：創作デコレーションのワクワク感
所有・収集価値	所有の充実感・豊かさ コレクションの所有感 他者への誇示	I 社：豊かな暮らしの充実感，K 社：色違いの収集意欲・所有による満足感
自己表現価値	自己・組織アイデンティティの表現演出，変身願望，象徴性（こだわり） モチベーションアップ	A 社：ファッションアイテムとしての自己表現，N 社：職業観の演出，組織カラーの採用によるブランディング
社会文化トレンド形成価値	流行，ファッション性 ライフスタイルの構成 トレンドセッター的要素	K 社：トレンド感のあるライフスタイルとの調和，A 社：カラーコーディネートによる楽しさ・トレンド牽引
交流・共感価値	製品を介したコミュニケーション 他者との情緒的な交流	I 社：相手の嗜好色に合わせた交流（ギフト用途），N 社：同じカラーの着用による共感・仲間意識
文化・審美的価値	可愛い・美しいという感情 伝統の回帰・モダン化	K 社：カラフルで可愛いという高揚感，I 社：伝統色以外の審美性による伝統様式・文化の再評価

出所）筆者作成.

観念は棄却され始める．人々が解釈する二次的意味とのインタラクションが，自社のビジョンと対話しながら一次的意味を自律的に捉え直す行為を促すのである．このように，外部の interpreters（解釈者）を媒介せずとも，市場とのインタラクションを通して企業の開発者自らが interpreters（解釈者）として作用し，意味の生成ならびに製品外観への意味の反映の役割を担うようになったと考えられる．このようなプロセスを経て，意味のイノベーションの事前合理的な推進力を得たと考えられる．

おわりに

　一次的意味と二次的意味のインタラクションによる意味のイノベーションの成立要件について，製品外観の変革要素に着目し分析を進めた．抽出された共通要因の整理を行った結果，本研究で得られる示唆は次のとおりである．
　ＲＱ1「企業は一次的意味をどのように製品外観にビジュアライズさせてい

るのか」については，既存製品の意味および外観に対し，強弱の差はあれど企業には固定観念が存在する．したがって，開発者が新たな意味を製品外観にビジュアライズする初動では批判精神を伴う．企業は市場の人々とのインタラクションを通し一次的意味と製品外観の新たな関係性について解釈を深め，製品外観への意味の反映を徐々に意図的に実行できるようになる．これらは初動時における企業の事前合理性の有無に拘らず共通要因と考えられる．ＲＱ２「人々は製品外観からどのように二次的意味を解釈しているのか」については，人々にとって最初の接点となる製品外観が既存と大きく差があり，既存の意味に対し新たな象徴的次元の予感が生起される場合，製品への認知的反応と接近を促す．その接近が，企業が生成した新たな一次的意味に触れる動機づけとなる．その意味には，製品に対する機能やサービスなどさまざまな要因を含み，自らのコンテクストで対照させ製品の新たな意味を解釈していると考えられる．

　一次的意味と二次的意味は，相互にインタラクションする．製品外観を媒介した意味のイノベーションの成立要件を企業と市場，相互の視点からまとめる．

1. 製品カテゴリー固有の伝統的な製品外観が存在し，市場の人々にとって製品の意味が製品外観に支配され，両者の関係に一義性がある場合，外観の審美的側面の大きな変革は，その視覚的ギャップがユニークな新規性として作用し，人々の製品への認知的反応と接近を促す動機づけとなる．

2. １．において，製品に対する社会文化的コンテクストが一定にパターン化された状態が，企業と市場の人々の固定観念を生む．企業による製品外観の変革により，人々の固定観念がポジティブな感情を伴い破壊され，新たな一義性または多義性の関係が創造された時，意味のイノベーションが成立する．

3. １．２．の要件が揃えば，製品外観の変革は一部の要素，すなわちリニューアルの次元でも成立する．

4. 製品外観の変革要素が視覚的影響力の高いカラーの場合は，既存の意味に既存カラーが情緒的な役割を大きく果たしていない関係下において，色空間で既存と対照の位置を成す新たなカラーが二次的意味を効果的に革新させる要因として働く．これがカラー・ドリブンによる意味革新が達成される条件となる．

　これらの要件は，企業が製品外観の象徴的側面を戦略的に変える重要性を示唆する．製品が理解される象徴的な理由を指す意味と製品外観の一義性が破壊され，さまざまな感性の人々が新たな一義性や多義性を発見または創造することで二次的意味の解釈が進み，意味の革新が成立したと考えられる．すなわち，意味を効果的に革新させる要因として働く製品外観の要素を企業が戦略的に見極め操作することが，意味の革新の有効性を高めるのである．その有効性を高める役割として，企業内 interpreters（解釈者）の存在の重要性が示唆される．さらにこの結果は，大きな投資を伴う新製品開発ではなく，リニューアルと呼ばれる製品外観の一部の変革でも，意味の急進的な革新に導く要件を示唆する．

　本研究の学術的貢献として，意味に影響する製品外観について学術的に分析することで，製品を理解する象徴的な理由を指す意味と製品外観の一義性の破壊が意味のイノベーションで，それらを成立させる要件を提示した点である．この導出は，意味のイノベーションに関する研究領域の発展において意義があるものと考えられる．企業の製品開発において，製品外観の決定は必ず行われる行為である．厳しい環境下リソースが乏しい日本のものづくり企業にとって，製品の意味の革新および価値創出に，製品外観の象徴的側面を戦略的に活用する有効性を示したことは，社会文化的価値を有する製品の持続的な創出の契機となり，実務的貢献として意義があると考えられる．

参考文献

Bloch, P. H. (2011), "Product design and marketing: Reflections after fifteen years," *Journal of Product Innovation Management*, 28, pp. 378-380.

Candi, M. (2006), "Design as an element of innovation: Evaluating design emphasis in technology-based firms," *International Journal of Innovation Management*, 10(4), pp. 351-374.

Crilly, N., Moultrie, J. and Clarkson, P. J. (2004), "Seeing things: Consumer response to the visual domain in product design," *Design Studies*, 25(6), pp. 547-577.

Eisenman, M. (2013), "Understanding aesthetic innovation in the context of technological evolution," *Academy of Management Review*, 38(3), pp. 332-351.

Goto, S. (2017), "Technology epiphany and an integrated product and service," *Journal of Technology Management & Innovation*, 12(2), pp. 34-43.

Griffin, A. and Hauser, J. R. (1996), "Integrating R&D and marketing: A review and analysis of the literature," *Journal of Product Innovation Management*, 13(3), pp.

191-215.

経済産業省（2007），『感性価値創造イニシアティブ』，財団法人経済産業調査会.

Krippendorff, K.（2006），*The Semantic Turn: A New Foundation for Design*, CRC Press（小林昭世，川間哲夫，國澤好衛，小口裕史，蓮池公威，西澤弘行，氏家良樹訳『意味論的展開 デザインの新しい基礎理論』，エスアイビー・アクセス，2009年）.

西川浩平，五十川大也，大橋弘（2010），「我が国におけるプロダクト・イノベーションの現状－第2回全国イノベーション調査を用いた分析」，『文部科学省科学技術政策研究所第1研究グループ DISCUSSION PAPER』，70，p. 5.

延岡健太郎（2011），『価値づくりの経営の論理 日本製造業の生きる道』，日本経済新聞出版社.

Rampino, L.（2011），"The innovation pyramid: A categorization of the innovation phenomenon in the product-design field," *International Journal of Design*, 5(1), pp. 3-16.

齋藤美穂（2016），「感性をつなぐ色彩——色彩を結び目とした多感覚研究への展開——」，『日本色彩学会』，35(1)，pp. 29-34.

Schumpeter（1926），*Theorie der Wirtschaftlichen Entwicklung, 2. Aufl*（塩野谷祐一，中山伊知郎，東畑精一訳『経済発展の理論』，岩波書店，1977年）.

Singh, S.（2006），"Impact of color on marketing," *Management Decision*, 44(6), pp. 783-789.

Teece, D. J.（1989），"Inter-organizational requirement of the innovation process," *Managerial and Decision Economics*, Special Issue, pp. 35-42.

Utterback, J.（2006），*Design-Inspired Innovation*, World Scientific Publishing（サイコム・インターナショナル監訳『デザイン・インスパイアード・イノベーション』，ファーストプレス，2008年）.

Verganti, R.（2009），*Design Driven Innovation*, Harvard Business Press（佐藤典司，岩谷昌樹，八重樫文訳『デザイン・ドリブン・イノベーション』，同友館，2012年）.

──── (2017)，*Designing Meaningful Products in a World Awash with Ideas*, MIT Press（八重樫文，安西洋之訳『突破するデザイン』，日経BP社，2017年）.

八重樫文，後藤智，安藤拓生，増田智香（2019），「意味のイノベーション／デザイン・ドリブン・イノベーションの研究動向に関する考察」，『立命館経営学』，57(6)，pp. 101-126.

第5章

商品開発・管理におけるイノベーション
——京都「信三郎帆布」に見る"こだわりのものづくり"の経験価値創造と商品イノベーション——

商品開発・管理学会　入澤 裕介，長沢 伸也

1　商品開発・管理学会とイノベーション

　商品開発・管理の研究は，現代社会の問題について商品（製品やサービス，ブランドを含む）を通じて解決しようという挑戦であり，社会科学や理工学，人文科学などの学際的なアプローチが求められる領域でもある．また，民間企業等ではイノベーションを推進するプロフェッショナルが必要な職能でもある．この商品開発・管理研究を専門とした商品開発・管理学会（2001年設立）では，産学が連携して課題を探るとともに，企業戦略に役立つ情報発信を行っている．

　当学会では学会誌『商品開発・管理研究』（ISSN 1880-0297（Print）2758-3872（Online））を年2回刊行しており，査読付き論文・研究ノート等を掲載している．創刊以来，掲載された論文約100編は多岐にわたるが，「イノベーション」を題目に含む論文だけに限定しても10編を数え，活発に論じられている．

　例えば，製品または商品イノベーションについて，LIXIL プロガードトイレの製品開発（石黒 2010）や，京都「信三郎帆布」の帆布製鞄（入澤・石川・長沢 2010），グリーンイノベーションを目指した新規事業展開（矢野 2013）の事例やリーダーシップ・スタイルが及ぼす影響（岩下 2012）が論じられている．

　また，地場企業のイノベーションの高度化（松崎・滋野・辻 2019），産業集積によるイノベーションの創出（松崎 2020），ならびに中小企業でのイノベーション過程（滋野・松崎・辻 2017）についての実証分析や，創薬ベンチャーのライセンシングを対象としたオープン・イノベーション（冨田 2020; 2021）や，イタリアにおけるデザインマネジメントを対象としたデザイン・ドリブン・イノベーション理論（小山・若林 2021）なども議論されている．

2　本研究に関わる先行研究

（1）経験価値論に関するレビュー

　経験価値とは，顧客を「理性と感性の生き物」と認識し，商品・サービスの消費状況に伴う顧客自身の“経験”を指しており，SENSE（感覚的経験価値），FEEL（情緒的経験価値），THINK（認知的経験価値），ACT（行動的経験価値），RELATE（関係的経験価値）の5つの価値に分類できると述べている（Schmitt 1999）．ここでは顧客の消費に伴う包括的な経験を取り扱っており，単純に商品・サービス自体を考えるのではなく，これらの消費状況に基づいて発生する顧客の経験を強調している．

　また，経験価値の創造や維持することを目的に考え出された経験価値マネジメントと呼ばれるマネジメント手法があり，「顧客の経験世界の分析」「経験プラットフォームの構築」「ブランド経験のデザイン」「顧客とのインターフェース」「継続的なイノベーションへの取組み」という5つのステップで構成され，このステップを実施，かつマネジメントすることで，経験価値の創造や維持ができると述べている（Schmitt 2003）．

　その他に，経験価値を中心とした理論考察として，経験価値を実現するための戦略的実行条件の検討（長沢・山本 2005），デザインが導く経験価値の考察（長沢・山本 2007），そして経験価値とおもてなし価値に関する考察（長沢・藤原 2007）を挙げることができる．

（2）イノベーションに関するレビュー

　イノベーションという言葉は今やどこでも見かけるようになっており，非常に意味が広いものとなっている．最初は「イノベーションとは，新しいモノを生産する，または既存のモノを新しい方法で生産することであり，従来とは異なる形で結合する（新結合）」という定義で書かれていた（Schumpeter 1943）．

　そして，イノベーションの仕組みについて，優良な企業が顧客の要求を満足する商品開発を継続して行っていく「持続的イノベーション」と技術的に劣るが全く新しい商品や商品開発を実施する「破壊的イノベーション」の2種類が存在し，優良企業が顧客の要求を満たせば満たすほど自滅の道を歩むことになり，最後は破壊的イノベーションによる商品等で市場から追い出されてしまう

と述べられている（Christensen 2001）．そして，そのような破壊的イノベーションを実現する組織はある一定の条件を満たす必要があり，組織のリソース・業務などのプロセス・新たな価値観（Resource/Process/Value）の 3 つを満たしていることが重要であるとも述べている（Christensen 2001）．

（3）前・一澤帆布と一澤信三郎帆布に関するレビュー

「京都市東山知恩院前上ル　一澤帆布製」と縫い込まれた赤枠のタグで知られる京都の老舗企業「一澤帆布工業」がお家騒動に揺れ，その結果，「信三郎帆布」という新たな企業・ブランドが誕生し，当時の一澤帆布を「前・一澤帆布」と呼ぶことにする．

　前・一澤帆布は老舗が多い京都でも独特の存在として注目されており，それに関する研究として長沢・山本（2005），長沢（2007）がある．これは，老舗の付加価値とは，単なる機能・便益ではなく，使用する者の知覚や認知の中に物理的属性では説明できない価値，すなわち近年注目されている「経験価値」が重要である点について検討し，明らかにしている．ここでは，前・一澤帆布時代の事例分析をしており，前・一澤帆布の商品開発に基づく製品が経験価値を創造することを示している（長沢・山本 2005）．

　また，老舗企業「一澤帆布」を分析した直後にお家騒動が起こり，一澤帆布と分かれる形で新興ブランド「信三郎帆布」が誕生した経緯があり，それがきっかけとなって新興企業である一澤信三郎帆布の成功に関する事例分析が行われている．そこでは，新興企業にもかかわらず前・一澤帆布時代と同様に実績を伸ばしており，前・一澤帆布から引き継いだ商品開発力に基づいた経験価値が創造されていると述べている（長沢 2007）．

3　一澤信三郎帆布の概要

　同社の歴史を簡単に振り返ると，初代一澤喜兵衛氏が，当時高価だったミシンを購入し，シャツや帆布の袋を縫製し始めたのが同社の創業にあたる．本格的な帆布袋の製造は，二代目の常次郎氏の時代に始まった．三代目の信夫氏の時代には，使いやすさと頑丈さが受けて人気商品となった．そして，京大山岳部の学生や高名な教授との交流ならびにその「御用達」となったことで，一澤帆布の山岳用品を持つことは関西では一流の証明と認知されたのである．四代

目，信三郎氏の時代には，社員は約70人，若い職人や店員から80代半ばの職人まですべてが正社員であった．顧客層は，若い女性を中心に幅広い層の支持を得ており，1990年代後半に若い女性向けファッション雑誌がこぞって取り上げたことで一時期商品があっという間になくなるという現象が起きたほどであり，後述する「お家騒動」が起こるまで売上高は着実に伸び続けていた．

　その後，三代目一澤信夫の死去により起こった「2つの遺言書」の真贋が問われた相続と経営を巡る裁判（会社の顧問弁護士に預けていた信夫の遺言書が開封された4ヵ月後に，生前預かっていたという「第2の遺言書」を長男・一澤信太郎が提出）などを経て，四代目社長であった三男・一澤信三郎は，長兄・一澤信太郎らにより2005年末に代表取締役を解任された．この一連のお家騒動により，一澤信三郎は「一澤信三郎帆布」を設立し，2006年4月から「信三郎帆布」と「信三郎布包［「布」偏に旁「包」（かばん）］」という新たなブランド名でカバンの製造，販売を開始した．それと同時に72人の社員は一人も欠けることなく信三郎と行動を共にしており，現在は「現・一澤帆布工業」の3軒隣に移転している．後述するとおり，一澤信三郎帆布の経営は好調であり，売上が減少している現・一澤帆布は2009年7月末現在から休業状態になっていた．製造・販売企業としての一澤帆布・信三郎帆布の変遷を**図5-1**に示す．

　ここで売上データを概観すると，帝国データバンク，および商工リサーチによれば，前・一澤帆布の2004年9月期の売上高は約10億円，税込利益2.67億円である．また申告所得データから，2003年9月期の売上高は約10億円，税込利益が約3億円と推測される．このように前・一澤帆布は税込利益率3割（ほぼ経常利益率と推測）の高収益企業であった．また，2005年から2007年の売上高は不明であるが，2008年9月期の売上高は5億円となっており，現・一澤帆布の売上高は前・一澤帆布の時代から半減していることがわかる．一方，一澤信三郎帆布の2006年12月期売上高は9.6億円，2007年12月期売上高は12億円である．

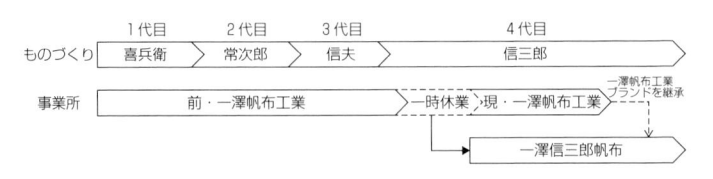

図5-1　一澤帆布・信三郎帆布の変遷

出所）筆者作成．

前・一澤帆布の売上高と比較しても，新ブランドの立ち上げ以降，急激なパフォーマンスの実現に成功していることになる．

　なお，お家騒動に関して，三男・信三郎の妻恵美子を原告とする長男・信太郎らの遺言書の無効と取締役解任の取り消しを求めた訴えに対し，2008年11月27日，大阪高等裁判所は原判決を取り消して原告側逆転勝訴の判決を言い渡した．2009年 6 月23日，最高裁判所は大阪高裁判決を支持，信太郎の上告を棄却した．この結果，第 2 の遺言書は無効で，信三郎らの取締役解任を決定した株主総会決議を取り消すとの判決が確定したとのことである．

　これによって，お家騒動に決着がついたため，旧・一澤帆布ブランドも元に戻り，「一澤帆布製」も2011年 4 月に復活し，現在は「信三郎帆布」と「信三郎かばん（「布」偏に旁「包」の造語）」とともに 3 つのブランドが共存しながらビジネスが継続されている．

4　信三郎帆布の伝統的マーケティング分析

　信三郎帆布について，マーケティングの特徴を 4 P 分析により整理し，前・一澤帆布時代と比較して何が変わったか，長沢・山本（2005）の先行研究における「前・一澤帆布の 4 P 分析」を引用しながら，信三郎帆布の 4 P 分析・展開ブランドの変化について考察してみる（**表5-1**）．

　製品（Product）は，天然繊維の帆布による手づくりの鞄である．100％自社製造であり，裁断からミシン縫製まですべて職人の手作業で行われる．信三郎帆布になってから，素材や製造方法は変わらないものの，デザインや柄物の鞄が新たに加わっており，信三郎帆布のアイテム数は約90種類程度，そのうち柄物鞄が約 4 割程度あり，提供する製品ラインアップが刷新されている．

　価格（Price）は　前・一澤帆布と比較して，多少幅広い（数千円から数万円レベル）商品が揃えられ，平均的な鞄の価格として若干高めだが，手の届く価格である．信三郎氏は価格について，「使っていて値打ちがなかったと言われたことは一度もない」と，商品の「値打ち」について，前・一澤帆布時代からこだわりを持っている．

　販売チャネル（Place）は，京都の直営 1 店舗のみであり，デパート等への卸販売は行っていない．また，前・一澤帆布時代はネット販売やカタログ販売も実施していたが，信三郎帆布ではお店に足を運んでくれた顧客を大切にしたい

表5-1　前・一澤帆布と信三郎帆布における4P分析と展開ブランドの比較

4P	前・一澤帆布	信三郎帆布	変化のポイント
製品 (Product)	・裁断～ミシン縫製は全て職人の手作業 ・商品数は200種類以上，柄物模様無し	・素材を含め製造工程は変わらず ・商品数は柄物等が追加	・素材・職人は維持 ・製品の刷新
価格（Price）	・1万円前後の商品多数 ・比較的若干高め	・幅広い価格帯 ・比較的若干高め	高めの価格は維持
流通（Place）	・店舗は京都直営1店舗 ・通信販売は販売のサポート的位置づけ	・店舗は京都直営1店舗 ・通信販売は再開，ネット販売はない	直営による販売維持
販促 (Promotion)	・積極的な宣伝／広告は実施していない ・女性雑誌の取材はなるべく断っている	・伊勢丹，銀座松屋や海外での展示会を実施 ・京都老舗企業とのコラボ展開	・イベント活動の実施 ・協創的アプローチ
展開ブランド (Brand)	・「一澤帆布製」のみ	・「信三郎帆布」（2006年4月より） ・「信三郎布包［「布」偏に旁「包」］（かばん）」（2006年4月より） ・「一澤帆布製」（2011年4月に復活）	・従来からの無地のライン ・新たに加わった柄物のライン ・復活した職人向け道具入れや登山系リュックサック

出所）筆者作成.

という想いから，ネット販売は実施していない．サポート的に通信販売を2008年6月から活用している．信三郎帆布は直接顧客の様子を観察するため，以前より目の届く範囲に販売チャネルを限定している．

　販促（Promotion）は，以前から宣伝・広告はしてなかったが，信三郎帆布になってからプロモーションに積極的になった．例えば，伊勢丹や銀座松屋，海外（英国）でのイベント・展示会などで活動するようになり，末富や松栄堂，唐長などの京都老舗企業とのコラボレーション展開を実施している．その他にも，信三郎帆布のホームページでは，職人を含めたスタッフたちが毎月メッセージを掲載しており，顧客の視点に立った内容を語りかけている．最近では海外観光客がSNS等で顧客が発信しており，グローバルに評判が届いている．

　展開ブランド（Brand）は，「一澤帆布製」ブランドの他に「信三郎帆布」「信三郎布包［「布」偏に旁「包」］（かばん）」ブランドが加わり，従来からの無地のラインの他に柄物のラインや職人向け道具入れや登山系リュックサックの復

活など展開ブランドが拡大されている．

　以上から，信三郎帆布におけるマーケティング戦略は，柄物・コラボ商品の追加などによる製品ミックスの再構築，価格帯の拡大，展示会・イベントなどのプロモーション活動など前・一澤帆布と比較して明らかに変化していることがわかる．

　このようなマーケティング戦略の変化により，信三郎帆布の人気を説明することは可能であると思われ，それがマーケティング面で影響を及ぼしていることは間違いないと考える．

5　信三郎帆布にみる商品開発

（1）第一の視点：「職人による丁寧な仕事へのこだわり」

　創業以来，代々の当主は，「とにかく丈夫で長持ちする商品をつくること」にこだわり続けてきた．丁寧な仕事を支えているのが，同社の職人制度である．ミシン縫製担当の職人1人に対して，下職と呼ばれる助手が1～2名つき，チーム毎に製品の完成まで担当するため，早く技術を身に付けられる．高齢の職人に交じって，20～30代の若い職人が多く，定職率も高い．若い客層と同世代の感覚を持つ職人の多さが，顧客に支持される商品開発につながっているが，前・一澤帆布と比較してこの視点自体は信三郎帆布では変わっていない．

（2）第二の視点：「古くて新しい天然繊維の帆布製品」

　信三郎帆布が取扱う上級帆布は，綿帆布と麻帆布の天然繊維である．天然繊維の帆布は重量があり，長い間使用していると日に焼けて色褪せたり，縮んだり型崩れする欠点があり，製品ライフサイクルの衰退期にあると考えられる．しかし，衰退期の稀少性ゆえに，信二郎帆布は良質な材料と職人技術の確保において参入障壁を築いており，前・一澤帆布と比較してこの視点自体は信三郎帆布では変わっていない．

　なお，信三郎帆布が取扱う上級帆布は大阪の朝日化工製である．「お家騒動」の際には「信三郎さんと共同開発したものだから，カバン作りが分からない信太郎新社長には卸さない」と男気を見せた．信太郎は，2006年に経営権を握っても営業再開に1年近くかかったのは，「職人が全員退職したことに加えて，素材である上級帆布が入手できなかったのが誤算だった」と語っている．

（３）第三の視点：「顧客ニーズのフィードバック」

　信三郎帆布は，製品数が90種類以上にもかかわらず，前・一澤帆布時代から
デザイン部門が存在しない．顧客からの情報を積極的にフィードバックするこ
とで，時代の変化やライフスタイルに合わせて製品を進化させ続けているが，
前・一澤帆布と比較してこの視点自体は信三郎帆布では変わっていない．

　以上のように，信三郎帆布の商品開発力を見ると，「商品開発力が経験価値
を創造する」という点は，前・一澤帆布で分析されており（長沢・山本 2005），
商品開発力「職人仕事，素材，顧客ニーズのフィードバック」は信三郎帆布で
も維持されていることがわかる．

6　信三郎帆布における経験価値

　ここでは，シュミットの戦略的経験価値モジュールの５分類に沿って，信三
郎帆布の経験価値と前・一澤帆布の経験価値の比較・考察をしていく（表5-
2）．

（１）SENSE（感覚的経験価値）
　信三郎帆布のラベルは，長方形の白地に黒で「信三郎帆布」と筆で書いたよ
うな字体のものと，長方形の青地に白で同様な字体のものと２種類存在する．
前・一澤帆布ラベルは，白地に赤枠があり，その中に「一澤帆布工業」と入っ
ており，その隣に「京都市東山知恩院前上ル」がある．両社とも見ただけでど
この商品か理解することができ，ラベルの用途として十分に機能している．加
えて，信三郎帆布の新ブランド「信三郎かばん」では，独自技術により小花柄
や更紗模様を帆布に染め込んでおり，視覚的にも綺麗になっているため，前・
一澤帆布とは違った判別性を有している．

（２）FEEL（情緒的経験価値）
　一澤帆布のラベルには，有名な知恩院を全面に出し「京都市東山知恩院前上
ル」と表記しているが，信三郎帆布ではこのような京都らしい表記が失われて
いる．しかし，柄物鞄の登場で，柄物・模様を楽しむことができ，お洒落感覚

表5-2　前・一澤帆布と信三郎帆布における経験価値の比較

分　類	前・一澤帆布の有する経験価値	信三郎帆布の有する経験価値	
		追加された価値	消失した価値
感覚的経験価値 (SENSE)	・判別性や視認性が高い独特なラベルの視覚的効果 ・天然繊維の帆布が持つ素材固有の風合い ・丁寧なものづくりにより活きる肌触り	・判別性や視認性が高い独特な柄模様による視覚的な綺麗さ ・新ブランドによる従来は無かったビジネスバッグ等の形状	－
情緒的経験価値 (FEEL)	・製品寿命の長さが生み出す愛着感 ・漢字表記ラベルが生み出すノスタルジー	・新たなラベルが生み出す伝統と革新が融合された新たな感覚 ・柄物による楽しさ，お洒落感覚	・世界遺産「知恩院」と「上ル」という京都特有の住居表示による独自のノスタルジー
知的経験価値 (THINK)	・見えないところにまで気が配られた丁寧な職人技への関心	・柄物やコラボ商品を実現した職人技への関心 ・お家騒動への強い関心と好奇心	－
行動的/身体的経験価値 (ACT)	・高度成長期時代の価値観からモノを大切にする美徳や価値観への回帰と行動変容	・応援や関心から京都を訪れてカバンを買うという行動変容 ・京都で買ったカバンを京都以外で使うという行動変容	－
関係的経験価値 (RELATE)	・「一澤帆布ファン」であることによる顧客同士の口コミやSNSを通じた繋がり	・コラボ商品による京都老舗企業への関心による顧客同士の繋がり ・兄弟争いによる本物に対する関心と判官贔屓的な応援による顧客同士の繋がり ・理不尽判決等に対する義憤や信三郎帆布／京都衆との連帯感による顧客同士の繋がり	－

出所）筆者作成.

が出ている．信三郎帆布のラベルそれ自体も，前・一澤帆布時代の伝統的雰囲気と信三郎帆布が誕生した革新の先鋭的雰囲気が融合された感覚を通じて，京都の歴史や文化を醸し出している．

（3）THINK（知的経験価値）
信三郎帆布では，新たな商品として柄物鞄やコラボ商品を幅広く展開してお

り，それを短期間で実現したことで，職人が持っている高い技術力を全国に示したといっても過言ではない．この技術力の認知は，お家騒動がきっかけで実現されている部分もあり，この事件がきっかけで信三郎帆布の高い技術力に対する強い関心と好奇心が生み出されている．そして，この事件を契機に，顧客は「ブランドが替わっても実現している高い技術力の本質は変わっていない」という "自分だけが知っているんだ" という蘊蓄への満足感が生まれてくる．

（4）ACT（行動的経験価値）

信三郎氏は，「お金や地位は関係なく，それよりどれだけ良い仕事をしたか，どんな生き方をしたか，といった価値観を大事にしている」とも言っている．その信念に突き動かされたかのように顧客が大きな関心を示し，三軒隣や斜め向かいで対峙しているのを見に行き，訪れ，応援（＝購入）している．これは，ある意味で本物を知っている人たちの行動でもあり，信三郎帆布の鞄を全国で持ち歩くような行動変化を示している．

（5）RELATE（関係的経験価値）

コラボ商品などによって，京都の老舗企業と連携を構築し，新たな関係的経験価値を創造している．また，兄弟による骨肉の争いによって，本物のものづくりを世に知らしめ，社会的な応援活動を引き起こしたと考えることができる．また，理不尽な裁判等に対する義憤の意識から，信三郎帆布を応援する京都衆との連帯感が強くなっている．このため，顧客同士も「信三郎帆布ファン」であることに加えて，「京都老舗企業ファン」や「京都衆ファン」，ひいては「京都ファン」ということで，口コミやSNSでの「推し」等を通じて繋がっている．

以上のように，前・一澤帆布時代と同様に信三郎帆布も経験価値を創造しているが，経験価値の内容は変化している．しかし，前述したようにマーケティング戦略は変更されているにも関わらず，商品開発力は前・一澤帆布時代から継続して維持されている．このように顧客価値である経験価値の変化がマーケティング戦略の変更による可能性もあるが，それだけでは信三郎帆布における商品の革新と経験価値の変化を説明するには不十分であると考える．

7　信三郎帆布における経験価値とイノベーション

（1）経験価値マネジメントによる分析

前・一澤帆布と信三郎帆布における経験価値マネジメントの比較分析を**表5-3**に示す.

① 顧客の経験価値世界の分析

顧客を単なる商品販売の対象と考えておらず，顧客の商品に対する印象（帆布商品への見方やインパクト等）や価値観（帆布商品の認識や気付き等）など顧客心理（顧客視点）に焦点を当てた商品開発を実施している．そのため，顧客の経験価値を理解する努力をしており，常に顧客視点に立ったものづくりを行っている.これは顧客の経験価値を十分に理解しており，顧客の経験価値を創造している世界（商品を手に入れたときの喜び，使いやすさ，丈夫な点の驚きなど顧客の内面で起きている経験）を考えていることが窺える.

② 経験プラットフォームの構築

前・一澤帆布時代には，帆布製品という消費カテゴリーの中で，テント製品などのような主に機能便益的価値が中心のものではなく，顧客が普段から利用する鞄の製品の中に，顧客の五感に訴えかける新たな鞄を「経験・体験する」ための“道具”を提供していたが，信三郎帆布では，前・一澤帆布時代と同様な環境を提供しており，さらに新たな商品の提供やマーケティング戦略の変化によって，顧客の経験価値を創造している世界に大きな影響を及ぼしている.

③ ブランド経験のデザイン

信三郎帆布の製品とラベルがブランドを構築しており，製品自体が信三郎帆布のものだと認識できるまでになっている．それは，前・一澤帆布時代の製品から受け継がれている．その根底には，「こだわりのものづくり」という職人としての誇りがあり，信三郎帆布のものづくりが新たなブランドを確立し，顧客にブランド経験を伝えている.

表5-3　前・一澤帆布と信三郎帆布における経験価値マネジメント分析の比較

マネジメントステップ	前・一澤帆布の状況	信三郎帆布の状況	主な相違点
顧客の経験価値世界の分析	顧客心理に焦点を当てた商品開発を実施	同様に顧客心理に焦点を当てた幅広い商品開発を実現	顧客心理を見る視野が拡大
経験プラットフォームの構築	顧客の五感に訴えかける新たな鞄を「経験・体験する」ための"道具"を提供	「経験・体験する」に加えて，本物志向の仲間作りとなる場を提供	本物にこだわった顧客との交流する場の提供
ブランド経験のデザイン	製品とラベルがブランドを構築し，製品自体で認識可	前・一澤帆布の本質を受け継ぎながらも製品自体で信三郎帆布と認識可	旧ブランドを包含した新たなブランドの構築
顧客とのインターフェースの構築	常に顧客ニーズを反映した商品開発を実施，長期的な顧客インターフェースを構築	京都老舗企業とのコラボによる新たな顧客ニーズ反映と強固なインターフェースを構築	京都というキーワードによる顧客接点の拡大と強化
継続的なイノベーションへの取組み	顧客ニーズを満足する商品開発と継続的な顧客接点を常に提供し，新たな製品などのイノベーションを実施	お家騒動による破壊的イノベーションと柄物鞄を含めた新商品開発の実現	・前・一澤帆布は持続的イノベーションであったのに対し，信三郎帆布は新市場型破壊の破壊的イノベーション ・新商品を開発するための高い技術力の向上

出所）筆者作成.

④ 顧客とのインターフェースの構築

　前・一澤帆布時代から含めて多くの顧客が訪問しており，常に顧客ニーズを反映した商品開発を実施している．そして，直営店のみの販売により，顧客と信三郎帆布ブランドとの交流の場を作り，長く製品を利用していただくことで長期的な顧客インターフェースを構築しているのである．そして，京都の老舗企業とのコラボにより，新たな顧客ニーズの反映とそれを通じた顧客インターフェースを構築している．

⑤ 継続的なイノベーションへの取組み

　顧客ニーズを満足させる商品開発と継続的な顧客接点を常に提供し続けており，顧客の期待を裏切らない仕事を実現している．また，前・一澤帆布時代の伝統を守りながらも時代に合わせた新たな製品の開発や販売にも挑戦しており，常にイノベーションを試みている．

　以上のように，経験価値マネジメントの視点から信三郎帆布を見ると，前・一澤帆布時代のものを受け継いでいることが理解できる．

（2）信三郎帆布におけるイノベーション

　創業数年の企業「一澤信三郎帆布」が老舗企業であった「前・一澤帆布」と同じような経験価値を創造している理由は何であろうか．それについて，イノベーションの視点から考察すると，前・一澤帆布では長い年月をかけて商品などに改良を加え，時代の趨勢に合わせた継続的なイノベーション，すなわちクリステンセン（2001）が説明している「持続的イノベーション」が起こっていたと考えることができる．この持続的イノベーションによって，50年もの長い月日をかけて，牛乳の配達袋がトートバックに変化を続けてきており，経験価値を創造してきたのである．また，長い年月をかけて顧客に感じさせているため，経験価値と持続的イノベーションが分離しにくい状況にあったと考えられる．

　それに対して，信三郎帆布は，今回のお家騒動がきっかけとなって，新たな商品や売り方などを大きく刷新しており，新たな市場を創造する「破壊的イノベーション」が起こっていると考えることができる．この破壊的イノベーションによって，短期間に前・一澤帆布とは異なって革新的な商品を生み出している．この破壊的イノベーション自体が経験価値ではないが，この破壊的イノベーションを生み出したのは信三郎帆布にも受け継がれている "こだわりのものづくり" であり，前・　澤帆布のような老舗企業特有の歴史と伝統がないにもかかわらず，革新的な商品が新たな経験価値を創造しているのである．

　信三郎帆布における破壊的イノベーションと前・一澤帆布の持続的イノベーションを視覚的にまとめたものを図 5 - 2 に示す．

　持続的イノベーションにおける特徴として 3 つ要点があり，この点から前・一澤帆布を考察する．

① 最も要求の厳しい顧客が最も重視する属性における性能向上

　　従来商品では，「実用的で頑丈」という属性，「シンプルと使いやすさ」という性能を持っている．この属性と性能を軸に，顧客ニーズのフィードバックを反映した製品を進化させ続けたのである．

② 性能向上に対価を支払う意思のある主流市場の最も魅力的な顧客

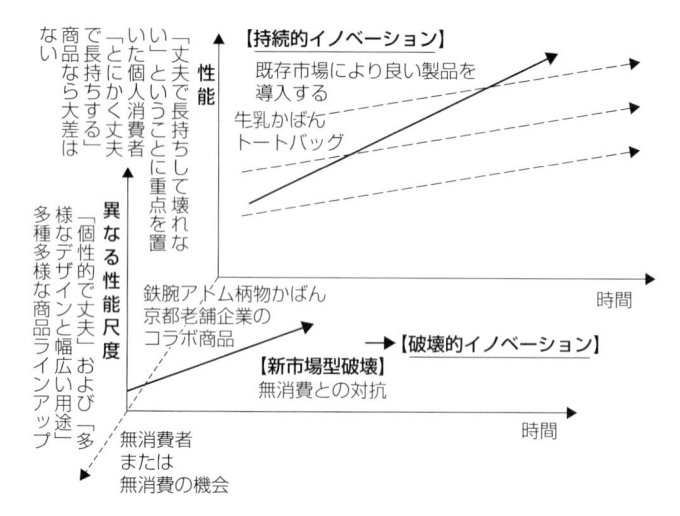

図5-2　前・一澤帆布「持続的イノベーション」と信三郎帆布「破壊的イノベーション」

出所）Christensen, C. (2001), *The Innovator's Dilemma*, Harvard Business School Press に基づき筆者加除修正.

　ここでの対象となる顧客は，「丈夫で長持ちして壊れない」ということに重点を置いた個人消費者であると考えられる.

③既存のプロセスやコスト構造を活用し，現在の競争優位を生かして利益率を改善・維持

　創業以来，「とにかく丈夫で長持ちする商品をつくること」にこだわり続けた丁寧な仕事によって利益率改善を実現していると思われる.

　このように，前・一澤帆布は持続的イノベーションの特徴を有しており，継続的なイノベーションを実現しているのである.

　次に，破壊的イノベーションにおける特徴として3つの要点があり，この点から信三郎帆布を考察する.

①"従来型"の属性では劣るが新しい属性（単純で便利）での性能向上

　従来の商品では，「実用的で頑丈」および「シンプルと使いやすさ」であったが，信三郎帆布では，「個性的で丈夫」および「多様なデザインと幅広い用途」となっており，明らかに属性と性能が異なっている. 例えば，

"前・一澤帆布時代の商品とは違うものを作りたい"という職人の意識が芽生え，以前の商品の真似をしたくない，信三郎帆布の独自の商品を開発する，という職人の熱い想いがある．この熱い想いが新しい商品開発につながり，従来とは異なった斬新的な商品を作り出している．そこには卓越した職人技が光っており，新しい属性でも性能を向上するだけの技術力があることを証明している．

② 無消費をターゲットとする，つまり製品を購入，使用するために必要な金やスキルを持っていなかった顧客

　従来の顧客は，「丈夫で長持ちして壊れない」シンプルなものを購入していたが，帆布商品において，廉価タイプがないことによる購入機会がなく（資金不足），シンプルな鞄をファッションの一部としてコーディネートするようなこともなかった（スキル不足）．その意味で従来の顧客以外にも，無消費と考えられる顧客が存在していたと考えられる．例えば，京都老舗企業のニーズに基づいたコラボレーションや，草花文様・蔓草更紗文様などの柄物染めの新作や手塚プロダクションとのコラボレートでつくった鉄腕アトム柄など多種多様な商品ラインアップで無地鞄に興味がなく，ファッションの一部として利用したい顧客の無消費を掘り起こしており，豊富な品揃えによる廉価版タイプの提供も無消費を掘り起こしている．それに加えて，そもそも帆布鞄に興味・購買意欲がなく，そのような商品の存在を知るすべを知らなかった顧客についても，お家騒動などがワイドショーで取り上げられることで顧客の購買意欲をかき立て，無消費を掘り起こしている．これがきっかけとなり，国内学会での大会参加者や海外からの観光客への土産物としても新たな需要を掘り起こしている．

③ 販売単位当たり価格が低く当初は生産量が少なくても儲けが出るようなビジネスモデル（販売単位の粗利はかなり低い）

　旧ブランドを喪失して新規ブランドになっても，前述した売上状況（2006年：約10億円，2007年：約12億円）を見ると商品の販売は好調であり，前・一澤帆布のような利益を出すことは可能である．また，販売・工房拠点を賃借，柄物やコラボ商品の技術開発などの投資により前・一澤帆布時代にあった税込利益率約30％よりは低い粗利益率になると考えられる．例えば，天然繊維は使い込むことで素材が収縮するため，その収縮に柄を合わせるのが非常に困難であるため，柄を単純に転写するだけでは，柄に深みがなく帆布が活き

ない，帆布を活かせば柄が崩れる，といったような課題があったにもかかわらず，素材メーカーや捺染工房が人情と応援によって利益度外視で協力してくれたこともあり，結果として生産量が少なくても，新規の技術開発などにかかるコストを抑えることが可能だったため，儲けが出るようなビジネスモデルになったと考えられる．

以上から，信三郎帆布は破壊的イノベーションの特徴を有しており，革新的なイノベーションを実現しているのである．

（3）信三郎帆布の破壊的成長能力

信三郎帆布が破壊的イノベーションを実現していることが理解できたが，信三郎帆布が果たして破壊的イノベーションに対応できる組織的な能力が備わっているのだろうか．これについて，クリステンセン（2001）が指摘している「資源─プロセス─価値基準」の枠組みを使って，信三郎帆布の分析を行う．

①「資源」の視点

信三郎帆布の資源については，人的資源として，"こだわりのものづくり"に固執した職人たちがいる．これに基づき，独自商品を開発する職人の技術能力と環境適応力もある．そして，商品デザインとして，柄物や老舗企業とのコラボ商品など刷新された商品デザインがあり，短期間で新商品開発に対応したことによる職人のスキル向上がある．その他にも，天然繊維の帆布などを継続して提供してくれるサプライヤーなどがあり，新たな商品ブランドを早期に構築することが必要となっていたため，設備投資などの経済的負担が避けられない状況にあったが，これを機に捺染工房等と協力関係を構築することもできた．

②「プロセス」の視点

信三郎帆布のプロセスについては，熟練の職長に対して若い職人が付きながら，全体的な技術習得と職長・職人の強固な徒弟関係がある．この関係によって，熟練技術が色褪せることなく伝達されていくのである．そして，前・一澤帆布時代とは異なった商品開発を実現した開発プロセスの変化があり，「じっくりタイプのプロセス」から「猛スピードタイプのプロセス」に変わっている．以前からも若い職人の提案で色やポケットの提案・商品化はあったが，今では

若い職人が積極的に商品を提案する．さらに，無地では縁がなかった捺染工房などパートナーとの提案で色やデザインの提案・商品化を実現しており，コラボ商品に見る相互の価値を高めるコミュニケーション力がある．

③「価値基準」の視点

　信三郎帆布になってから，前・一澤帆布時代から受け継いでいる「実用的で頑丈」「柄物・模様ものには手を出さない（自制）」という価値基準から，「以前と同じモノだけを作っていては駄目だ」「柄物・模様ものに積極的に挑戦」「個性的で丈夫」という価値基準に変化しており，これによってデザインを含めバラエティに富んできたと言える．そして，前・一澤帆布時代のこだわりを捨て，信三郎帆布としての“新たなこだわり”を確立した．この新たなこだわりには，京都文化の1つでもある「誂える」価値観が含まれており，複雑な価値基準を織りなしている．

　以上より，信三郎帆布は，お家騒動がきっかけで，前・一澤帆布時代の良いところを受け継ぎながらも新たな価値基準を確立し，破壊的イノベーションを実現する破壊的な成長能力を信三郎帆布は有していると考えられる．

（4）経験価値とイノベーション

　以上の考察から，信三郎帆布における経験価値と“こだわりのものづくり”を支える商品開発力やイノベーションを含めた技術経営の関係をまとめると図5-3のようになる．

　先行研究も含め，以前は商品開発力を含めた“こだわりのものづくり”から経験価値が創造されるという単純な因果関係と捉えていたが，この図から明らかなように，前・一澤帆布では“こだわりのものづくり”から持続的イノベーションが生み出され，その持続的イノベーションによって老舗企業に見る経験価値を創造していた．これに対し，信三郎帆布では，お家騒動が起因となって“こだわりのものづくり”に内在する技術経営的な取組みに変化が生じていると考えられる．それは，先に述べた「破壊的成長能力」に基づき，信三郎帆布の経営資源，経営・製造プロセス，商品開発に関わる価値基準が変化しており，その変化が新市場創出となる破壊的イノベーションを生み出したのである．そして，その破壊的イノベーションによって新たな経験価値が創造され，経験価

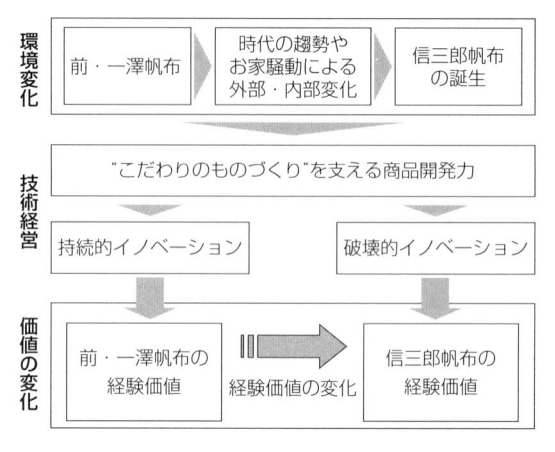

図5-3　信三郎帆布における技術経営，イノベーション，経験価値の相互関係

出所）筆者作成.

値の変化を生み出したと考えられる.

　経験価値がイノベーションによって創造・変化を実現することが理解できたので，もう少し本質を理解するために，"こだわりのものづくり"とイノベーションについて考察を試みる. 表5-4は"こだわりのものづくり"の内容によって，イノベーションにどのような変化が起きているか整理したものである.

　高品質で丈夫，素材にこだわった"こだわりのものづくり"の精神は，前・一澤帆布と信三郎帆布ともに共通している内容であるが，その具体的な考え方や進め方などを見ると，両者では明らかに異なっていると考えられる. 前・一澤帆布の"こだわりのものづくり"は，「顧客ニーズを反映した商品開発」「じっくりタイプの経営・製造プロセス」「伝統へのしがらみ」などの内容が含まれており，信三郎帆布の"こだわりのものづくり"は，「柄物やコラボなどの変化を志向した商品開発」「品質を維持しながらの猛スピードタイプの経営・製造プロセス」「新たな革新に向けた価値観の革新」などの内容が含まれている.

　以上から，前・一澤帆布と信三郎帆布における"こだわりのものづくり"に対する質的な内容変化が起こっているものと考えられる. そして，その変化が持続的イノベーションと破壊的イノベーションの違いを生み，「経験価値イノベーション」とも呼べる経験価値の変化につながると考えられる.

表5-4　"こだわりのものづくり"の変化によるイノベーションの変化

持続的イノベーションを生む"こだわりのものづくり"の内容	破壊的イノベーションを生む"こだわりのものづくり"の内容
主に外的要因が中心の受動的な変化によってイノベーションが生み出される.	主に内的要因が中心の能動的な変化によってイノベーションが生み出される.
〈前・一澤帆布の例〉 ・顧客ニーズを反映した商品開発 ・じっくりタイプの経営・製造プロセス ・伝統へのしがらみ	〈信三郎帆布の例〉 ・柄物／コラボなど変化を志向した商品開発 ・品質を維持しながらの猛スピードタイプの経営・製造プロセス ・新たな革新に向けた価値観の革新

出所）筆者作成.

おわりに

　信三郎帆布を経験価値創造の視点から分析した結果，商品開発力を含めた"こだわりのものづくり"においては，前・一澤帆布と共通であることがわかったが，経験価値については変化があることが理解できた．これは，従前の研究では，"こだわりのものづくり"から経験価値が創造されるという因果関係と単純に捉えていたが，前述のように経験価値創造にも2種類存在すると考えられる．つまり，"こだわりのものづくり"から持続的イノベーションを通じて創造される経験価値と破壊的イノベーションを通じて創造される経験価値が存在するということである．この違いによって，「信三郎帆布ブランド」という新たな経験価値を創造していると考えられる．

　これは，老舗企業や伝統などだけが経験価値を創造するのではなく，新興企業においても経験価値を創造することを示している．持続的なイノベーションによる経験価値は，非常に長い期間が必要となるため，老舗のような長期存続企業が該当し，老舗企業でないと難しい面がある．それとは対照的に，破壊的イノベーションによる経験価値は，新興企業でも実現可能であると考えられる．信三郎帆布は新興ブランドであるにもかかわらず2006年4月の起業から約8ヶ月という短い期間で約10億円という売上（前・一澤帆布時代とほぼ同じ売上高）を達成・成功している．このように，破壊的イノベーションによる経験価値の創造は新規ブランドの立上げには非常に向いているものと考える．ただし，その前提には技術経営による高度な商品開発力を含めた"こだわりのものづくり"

が必須である.

　商品開発・管理学の観点から見ると，技術イノベーション理論を応用した老舗企業における商品開発の革新であり，このような不連続な変化が価値創造の飛躍をもたらしているとも言える.

　以上のように，“こだわりのものづくり”と経験価値に新たな視点が得られたと考えられ，今後の技術経営と経験価値，老舗企業の経験価値の研究に新たな示唆を与えるものである.

参考文献

Christensen, C. (2001), *The Innovator's Dilemma*, Harvard Business School Press（伊豆原弓訳『イノベーションのジレンマ』，翔泳社，2001年）.

Christensen, C. and Raynor, M. (2003), *The Innovator's Solution*, Harvard Business School Press（伊豆原弓訳『イノベーションへの解』，翔泳社，2003年）.

一澤信三郎 (2004)，「大きく強いことは偉いことではない」，『日経ビズテック』，No.004，日経 BP 社，pp. 36-38.

一澤信三郎 (2006)，「感性に訴えるものづくり」，『第 8 回日本感性工学会大会予稿集』，pp. 36-38.

入澤裕介・石川誠・長沢伸也 (2010)，「京都『信三郎帆布』に見る“こだわりのものづくり”の経験価値創造と商品イノベーション」，『商品開発・管理研究』，7(1)，pp. 36-51.

長沢伸也 (2007)，「京都の老舗企業『一澤信三郎帆布』の商品開発力と経験価値創造」，『早稲田ビジネススクール・レビュー』，5，pp. 116-121.

長沢伸也編 (2013)，『感性マーケティングの実践――早稲田大学ビジネススクール講義録〜アルビオン，一澤信三郎帆布，末富，虎屋　各社長が語る――』，同友館.

日経ビジネス編 (2006)，「敗軍の将，兵を語る　一澤信太郎氏［一澤帆布工業代表取締役］」，『日経ビジネス』2006年 4 月17日号，pp. 170-173.

Schmitt, B. H. (1999), *Experiential Marketing: How to Get Customers to Sense, Feel, Think, Act, and Relate to Your Company and Brands*, Free Press（嶋村和恵・広瀬盛一共訳『経験価値マーケティング――消費者が「何か」を感じるプラス a の魅力――』，ダイヤモンド社，2000年）.

Schmitt, B. H. (2003), *Customer Experience Management: A Revolutionary Approach to Connecting With Your Customers*, John Wiley & Sons（嶋村和恵・広瀬盛一共訳『経験価値マネジメント――マーケティングは，製品からエクスペリエンスへ――』，ダイヤモンド社，2004年）.

第 6 章

信頼性工学を活用した自動車製品のイノベーション
——自動車におけるイノベーティブな技術と製品化のための信頼性工学の進化と活用——

日本信頼性学会　齊藤 智明

1　イノベーションと日本信頼性学会

　日本信頼性学会は，信頼性工学の研究，教育，実践を推進するために設立された学術団体である．信頼性工学は，製品やシステムの信頼性を向上させるための科学的手法と技術を提供する分野であり，品質保証，メンテナンス，リスク管理など，幅広い分野に応用されている．さらに近年では，電子制御システム，自動運転システムや AI など新しいシステムや技術の安全性を客観的に証明するための科学的な手法と技術の研究を活発化させている．

　信頼性工学は，手段として科学的，工学的なアプローチを用いることから，材料工学，制御工学，OR 理論，ソフトウェア工学，プロセス工学，システム工学，信号理論などの専門家から日本信頼性学会は構成されている．また会員として，大学，研究機関の信頼性工学分野の研究者だけでなく，民間企業の専門家も活動している．

　当学会では，学会誌「信頼性」（日本信頼性学会 HP）を年 6 回刊行しており，信頼性，安全性に向けた新しい技術，取り組みについて発信しており，業種を超えた横串の役割を果たしており，さらに科学的，工学的な専門分野を統合した信頼性・安全性のイノベーションについて議論している．

　例えば，産業製品のイノベーションを支える信頼性・安全性について「医療機器審査における信頼性と安全性（鈴木 2011）」，「高信頼ディジタル処理型短波送信機の開発（山添 2012）」，「冗長性を利用した航空機・宇宙往還機の耐故障制御：制御工学の観点からの信頼性・安全性の向上（島田 2013）」，「自動運転車の信頼性・安全性評価とリスクマネジメント（佐藤 2017）」，「無線を用いた新しい列車制御システム ATACS における信頼性・安全性技術（馬場他 2017）」，「鉄道における自動運転化への取組みと安全性・信頼性確保の考え方

（池田他 2020）」などがある．

　また，これらのイノベーションを支えるシステムやソフトウェアの信頼性確保の技術・手法のイノベーションについては「高信頼性ソフトウェアの独立検証確認（山本 2016）」，「トラブル予測表を用いた故障モード予測手法と信頼性・安全性の作り込み評価指標の提案（山﨑他 2016）」，「鉄道信号システムの安全性解析における STAMP/STPA の適用について（川野 2019）」，「宇宙開発におけるソフトウェアの確率論的信頼度解析（野本 2021）」などがある．

　本書の主題であるイノベーションとは，今までにない革新的なモノ・コト・仕組みなどにより，新たな価値を生み出し社会に変革をもたらす取り組みである．「天才は 1％のひらめきと，99％の努力」というトーマス・エジソンの有名な言葉があるように，イノベーションを起こし，社会を変えるためにはアイデアだけでなく，多くの努力が必要である．

　例えば，自動運転車の技術そのものは，1980年代には既に米国でオフロード走行できる ALV（Autonomous Land Vehicle）の研究が盛んに行われており，他にも日本，欧州でも試験走行を繰り返していた歴史がある（津川 2015）．

　一方で，**表6-1**に示す自動運転化レベル（国土交通省 2018）のレベル 4（運転手なしで機能するトラックやタクシーなど）の試験的な運用が限定された地域で始まっているが，自動運転車を使った無人配送ビジネスや無人タクシーが社会実装され，人手不足や高齢者の事故防止などの社会問題が解決されるのはまだ先になる見込みである．

　両者の間，つまり約50年，自動運転車に関する研究，技術，コスト低減が着実に進み，あと一歩までと思われたが，ビジネスを開始するために必要な社会的受容性（Social Acceptance）（向殿 2009）を得られないために，ビジネスとして回収できず実用化を途中で断念してきた歴史を何度も刻んできている．

　念のためであるが，テスラ車はレベル 2 であり運転操作の主体はあくまで運転者であり，自動運転支援車に分類される．

　こういったイノベーションへの挑戦の歴史の中で，ようやくレベル 4 の自動運転車の社会実装が現実的になってきたのは，社会的受容性のベースとなる信頼性・安全性のイノベーションを積み重ね，ようやく社会的受容性を得られるレベルにきたからである．この例のように，技術革新それだけでは社会にイノベーションを起こすことは不可能で，信頼性・安全性のイノベーションのセットで初めて起こすことが可能といっても過言ではない．

表 6-1　自動運転化レベルの定義の概要

レベル	概要	定義概要	安全運転に係る監視と対応の主体
レベル 1	運転支援	システムが縦方向または横方向のいずれかの車両運動制御のサブタスクを限定領域において実行	運転者
レベル 2	部分運転自動化	システムが縦方向及び横方向両方の車両運動制御のサブタスクを限定領域において実行	運転者
以下は自動運転システムが（作動時は）全ての運転タスクを実行			
レベル 3	条件付運転自動化	システムが全ての動的運転タスクを限定領域において実行 作動継続が困難な場合は，システムの介入要求等に適切に応答	システム（作動継続が困難な場合は運転者）
レベル 4	高度運転自動化	システムが全ての動的運転タスク及び作動継続が困難な場合への応答を限定領域において実行	システム
レベル 5	完全運転自動化	システムが全ての動的運転タスク及び作動継続が困難な場合への応答を無制限に（すなわち，限定領域内ではない）実行	システム

出所）国土交通省（2018），「自動運転車の安全技術ガイドライン」をもとに筆者作成.

　似たような状況としては，最新の AI 技術やドローンなどを含む無人航空機のビジネスが挙げられる．このまま，社会的受容性を得られないまま，規制がどんどん厳しくなれば，いくら技術革新が起きてもビジネスとして回収できず断念することになる．

　本章では，自動車を例にイノベーションと信頼性・安全性の技術革新の歴史を振り返り，さらに自動運転では信頼性・安全性の技術革新が鍵を握っていることについて紹介することで，日本信頼性学会の役割の重要性を理解して頂ければ幸いである．

2　自動車のイノベーションと社会的受容性

　自動車は産業革命以降，人類の生活に革命をもたらした最も象徴的なイノベーションの 1 つである．最初の自動車が登場したとき，それは馬車に代わる単なる移動手段に過ぎなかった．しかし，時が経つにつれて，社会のニーズと技術の進化が自動車そのものと，社会，例えば交通システムの発展や物流の発展による消費者の利便性の向上など良い意味で大きく社会を変えてきた．

　一方で，自動車は誕生と同時に自動車事故も新たに生み出した．台数が少ないころは大きな社会問題にならなかったが，自動車の普及とともに自動車事故が増えた結果，社会問題として認知されるようになった．

　最初のガソリンエンジンが1886年にダイムラーとベンツによって製造されてから10年後の1896年にイギリスのロー・アクシデント保険が初めて商品化された（嶋倉 1985）．

　自動車保険は，自動車事故によって発生した損害に対処する手段であり，保険契約者を金銭面で保護するとともに，自動車被害者，遺族の救済といった高い社会的機能を果たしている．

　まだ，自動車の台数が少なく，自動車の恩恵を知らない人，受けていない人などが多い社会において，自動車は単に新しい災害をもたらす脅威だったとみなされても仕方がなかった．つまり，自動車の誕生当時は社会全体としては，自動車を受け入れる状態に無かったと言える．そういった状況において，自動車保険は社会が自動車を受け入れる最低限の機能を果たした．これにより自動車の社会的受容性が徐々に高まり，自動車が広く普及する礎となった．

　このように社会的受容性において，もっとも重要なのは多くの人が「安心」を感じることである．安心というキーワードで自動車の技術の進化の歴史（伊東 2011）を以下で紹介する．

（1）大気汚染の防止　1960年代〜

　自動車の普及に伴い，排気ガスによる深刻な大気汚染が社会問題となり自動車の排出ガス規制が世界にさきがけて米国で制定された．そして，1970年にカリフォルニア州で施行された「マスキー法」によって，自動車の排出ガス規制がさらに厳格化された．この法律は，有害物質を90％削減することを目標とし，自動車メーカにとって販売存続が危ぶまれる厳しい規制であった．

　この課題を克服するために，エンジンの電子制御技術が進化し（伊東 2011），触媒コンバーターや空燃比制御などの技術が開発された．これにより，大気汚染の改善が進み，自動車の増加と社会の安心を両立できるようになった．

（2）安全性能の向上　1980年代〜

　自動車の普及とともに，交通事故も増加した．特に大型トレーラの急ブレーキ時に発生する「ジャックナイフ現象」（齊藤 2023）（図6-1）は，悲惨な事故

回転している状態　　ロック(停止)している状態

後輪がロックして，後部台車が
折れ曲がった状態

  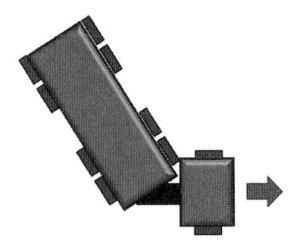

制動力　　　　　　　　制動力

図 6 - 1　タイヤのロックとジャックナイフ現象

出所）齊藤智明（2023），「自動車の電子制御システムの安全性と信頼性における説明責任の考察」，『日本信頼
　　　性学会誌　信頼性』，45(1)，p. 30，図 5 と図 6 を筆者修正.

を引き起こしていた．これを防ぐために開発されたのがアンチロックブレーキ
システム（ABS: Anti-lock Brake System）である．

　ABS は，ブレーキをかけた際にタイヤがロックしないように制御し，制動
距離を短縮することで事故を防止する．

　この技術により，悲惨な事故を大きく減らすことができた．その後，トラッ
クだけでなく，全ての自動車に ABS が搭載されるようになり，以前よりも歩
行者が安心して道路を利用できるようになった．

（3）運転性能の向上　1990年代～

　ピックアップトラックなど，重心が高い車両は横転事故が多発していた．こ
れを防ぐために，車両姿勢制御システム（VSC: Vehicle Stability Control）が開発
された．このシステムは，車両の動きをリアルタイムで監視し，エンジン，ブ
レーキ，ハンドルの動きを協調させることで，安定した走行を実現する．

　このような制御技術の進化により，ドライバーは安心して運転できるように
なった．

（4）予防安全性能の向上　2000年代～

　交通事故，特に歩行者の死亡事故や追突事故を防ぐために，ドライバーを支
援するという考え方を元にさまざまな先進安全性システム（ADAS: Advanced
Driver-Assistance System）が開発された．衝突被害軽減ブレーキ（AEB: Advanced
Emergency Braking）は，前方の障害物を検知して自動的にブレーキをかけるこ

とで事故を防止する．また，プリクラッシュセーフティシステム（PCS: Pre-Crash Safety）は，後方からの追突時にシートベルトを引き締め，エアバッグを作動させることで乗員の安全を確保する．これらの技術により，運転者と同乗者はより安心して自動車に乗ることができるようになった．

3　自動車の進化と安全論証の進化

これまでの述べた事例からわかるように，自動車の進化において「安全性」は，安心を感じる必要な条件の１つである．しかし，安全性が確保されているからと言って，それだけで使用者や社会が安心するとは限らない．安心を感じるためには製品や技術がどのように安全性を確保しているか？ そのプロセスやリスクに関する情報が透明かつ理解可能な形で提供されることが重要である．
つまり客観的な安全論証も必要な条件である．さらに，自動車の安全性を構成する部品や機能の信頼性が安全論証の必要条件である．
自動車の場合，誕生したころは機械の塊であったが，後に機械と電気で動作するメカトロニクスと呼ばれる時代を経て，近年では電子制御システムに進化している．このため安全論証の必要条件である部品や機能が変化してきた歴史がある（齊藤 2021）．この進化（＝変化）によって，安全論証の方法も進化（＝変化）してきた歴史を以下で紹介する．

（1）機械式の時代〜1960年代

初めての自動車（蒸気機関車のような）が1769年に製作されて以来，自動車を走行させたり，曲がったり，止めたりする機構は全て機械で構成されていた．
このため，自動車の安全性やそれを支える信頼性の対象は機械であった．信頼性の向上については，機能失陥を起こす可能性のある部品を特定し，信頼性を向上させるために必要な品質マネジメントが進化した．
また，自動車を試作して，起こりうる事象を模擬して試験するために必要な環境試験と呼ばれる各種試験方法が進化した．
例えば，エンジンに燃料を供給する燃料ポンプが故障して燃料供給する機能が失われると走行不能になるために信頼性が失われる．なので，燃料ポンプ（＝コンポーネント）単位で信頼性維持の期間を自動車の寿命レベルに向上させたり，定期的に点検・交換させたりすることで，信頼性を維持する．

つまりこの時代は，安全論証＝品質マネジメントであり，品質マネジメント＝機械部品設計の信頼性向上と構成する部品の信頼性向上＋信頼性の試験方法の網羅性向上で構成されていた．

以下，代表的な品質マネジメントを示す．まず，自動車の開発段階と市場段階（販売後）に分けて説明する．

① 開発段階：市場での信頼性を高めるため，開発段階でさまざまな環境試験を行うことで，ハードウェアの耐久性に関するデータを集め，問題があれば分析し，原因を特定し，改善する．環境試験と改善を繰り返すことで，目標となる信頼性を確保する．
② 市場段階：市場導入と並行して，社内で使用し，定期的に部品を分析することで，耐久性に関するデータを集め，改善を行う．市場で不具合が発生したときに回収した部品を分析することで，耐久性に関するデータを集め，改善する．

具体的な手法として代表的なものを**表6-2**に示す．

このような手法，管理プロセスは各社の品質管理ルールとなっている．2000年以降は，品質マネジメントシステム（ISO9001）の中で，常に品質マネジメン

表6-2　具体的な手法

呼称	手法名	目的と方法
FMEA	「Failure Mode and Effects Analysis」の略で「故障モード影響解析」と訳される	システムの要素の起こりうる故障モードと故障が起きた時のリスクの大きさを定量的に予測すること．この結果を用いて，信頼性，安全性の向上対策を設計に織り込む
FTA	「Fault Tree Analysis」の略で，「故障の木解析」と訳される	信頼性または安全性の上で，その発生が好ましくない事象を取り上げ，その事象を引き起こす要因をカスケードし，その因果関係を論理記号と事象記号を用いて図示すること．この結果を用いて，信頼性，安全性の向上の効果的な対策を設計に織り込む
MTTF	「Mean Time To Failure」の略で，「故障までの平均時間」と訳される	修理しない系，機械，部品などの故障までの動作時間の平均値のこと．このMTTFとFTAの結果を組み合わせて設計することで，信頼性，安全性を向上させる
DR	「Design Review」の略で，「デザインレビュー」と訳される	より多くの設計者，専門化が集まり，設計内容の問題抽出と対策可否の判断を行う．一人では見落としがちな設計上の問題を高い確率で抽出することで未然防止を計る

出所）齊藤智明（2021），「信頼性，安全性向上に向けた自動車の電子制御システム開発」，『日本信頼性学会誌 信頼性』，43(6)，p. 351, 表2．

トの改善サイクルが回されている.

　これらの品質マネジメント及び部品の材料毎の信頼性と試験方法の網羅性向上のために信頼性工学も急速に進化した.

　例えば以下のような試験方法は信頼性工学無しには進化できなかった.

　　①環境試験：製品が実際に使われる環境（温度, 湿度など）を模擬した試験. 熱サイクル試験, 加振試験, 塩水試験, 粉塵試験, 振動試験, 電磁波試験など
　　②複合環境試験：製品が実際に使用されている環境を模擬するため, 複数の試験を組み合わせて評価する.

例えば, 悪路走行を模擬するための複数の周波数を組み合わせた加振試験, 熱サイクル試験と加振試験の組み合わせ等である.

（2）メカトロニクスの時代　1970年代〜

　前述の1970年代に導入された「マスキー法」により, 自動車の排出ガス規制が厳格化されたことをきっかけに, 排出ガスの有害物質を大幅に削減できる空燃比制御が登場した. それまでは, 燃料をキャブレターと呼ばれる機械式の機構で行っていたが, 空燃比制御を実現するために, 空燃比センサ, 電子式噴射インジェクタとフィードバック制御のためのアナログ回路が採用された.

　図6-2のように空燃比センサの電気信号をアナログ回路が入力し, 電気的に演算した結果を電気信号として出力して電子式噴射インジェクタが燃料噴射するメカトロニクス機構が必須となった. 同時に三元触媒という排気ガス中の有害な一酸化炭素, 炭化水素, 窒素酸化物を同時に反応させ無害化させる部品も採用された.

　メカトロニクス時代の品質マネジメントの方法は機械式時代と同じであるが, 部品として電子部品やコイルなどの電気部品, さらに触媒という部品が対象として加わった.

　電子部品（半導体, コンデンサー, 抵抗など）は, 金属（機械機構で使われる材料）と比べて耐熱性, また湿度や振動に弱いという特徴を持っている. また, 触媒も耐水性, 耐熱性や耐振動性が弱いという特徴を持っている.

　例えば, 自動車の前方にあるボンネットの中は120度ほどの温度になるし, 車室内でも50度になることがある. 自動車の過酷な使用環境要求に対して, 当

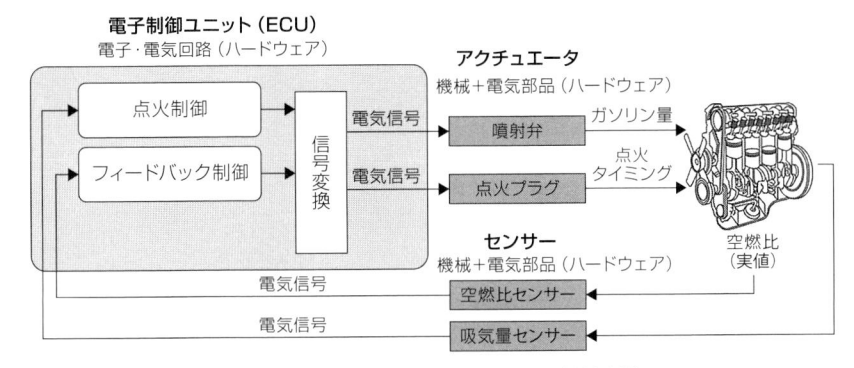

図6-2　メカトロニクスによる空燃比制御

出所）筆者作成.

時テレビやラジオに使われていたトランジスターや IC などの半導体やコンデンサーは，信頼性が足りないため，自動車用として使うことができなかった. そのため，電気メーカは自動車向けの電子部品を新たに開発した.

　このため，この時代になると，電子部品（特に半導体部品）に対する信頼性工学，触媒に対する信頼性工学が急激に進化した.

（3）マイコン式の時代　1990年代〜

　半導体の中でも，マイコン（マイクロプロセッサ，CPU とも呼ばれる）の自動車用への開発が進み，自動車向けの信頼性（故障率の低下＝耐久性）が確保できるようになると，急速に自動車に利用されるようになった.

　前述したアナログ回路を使ったフィードバック制御もマイコンを使うこと（図6-3）で，空燃比だけでなく，燃料噴射タイミング，点火タイミングを細かく制御できるようになった. この結果，排ガスはさらにクリーンに，燃費や加速性能も向上させることができるようになった.

　また，事故を防ぐために最初に採用されたアンチロックブレーキシステム（ABS）も，タイヤの滑りを推定するなど複雑な計算処理を高速に行うことが必須であり，マイコンの登場で初めて実装できた.

　マイコンは，プログラムと呼ばれるソフトフェアで動作する仕組みを持っており，マイコンの動作はプログラムの仕様や品質によって決まる. このため，マイコンを使った電子制御システムに対しては，これまでのメカトロニクス向けの品質マネジメント＋ソフトウェアに対する品質マネジメントが必須となった.

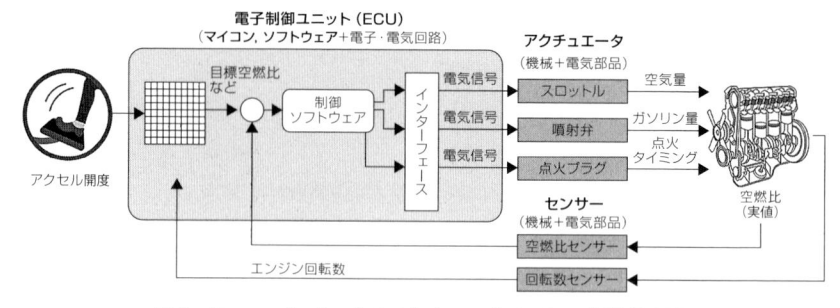

図6-3　マイコン（ソフトウェア）による空燃比制御

出所）齊藤智明（2021），前掲稿，『日本信頼性学会誌　信頼性』，43(6)，p. 349，図4.

　なぜなら，ソフトウェアは設計した段階でバグと呼ばれるミスがプログラム
に入り込む可能性があり，このバグのために，仕様通りに動作しなかった場合，
安全性が確保できない．例えば，ABSにおいて，バグが存在したままである
と，設計通りのブレーキ力が得られず，安全機能が失陥した状態になる．

　このため，メカトロニクス時代にプラスして，ソフトウェアに対する品質マ
ネジメントとソフトウェアの信頼性工学が急速に発展した．

　例えば，プログラムを開発する段階で，割り算するプログラムを書いたとす
る．割る数がゼロで無い場合には問題ないが，割る数がゼロになった場合，当
時のマイコンでは，異常処理となってしまい，最悪マイコンの動作が停止し
まっていた．このため，通常ゼロで割ることが無いようにソフトウェアで対策
したり，ゼロで割り算してエラーが発生したときに適切な処理する対策をした
りする．

　これらを怠っていた場合，市場段階でゼロ割が起きた場合には，何らかの故
障が発生することになる．この故障のことを「決定論的原因故障」（情報処理推
進機構 2008）と呼び，ソフトウェアの信頼性と安全性の向上は，この「決定論
的原因故障」を排除することである．

　このため，「決定論的原因故障」の排除に関するソフトウェアの品質マネジ
メントが進化した．大きく分けて，開発段階と市場段階（販売後）に分けられる．

　①開発段階：記述方法の標準化，開発者のレベルアップなどの開発品質
　　の向上と，開発したソフトウェアの試験が主となる．
　②市場段階：市場で起きた問題のうち，ソフトウェアに起因する部分を

表 6-3　具体的な手法（ソフトウェア）

呼称	手法名	目的と方法
MISRA	「Motor Industry Software Reliability Association」の略	安全・セキュリティに関連する電子システム，組み込み制御システム，ソフトウェア集約的アプリケーション，スタンドアロン・ソフトウェアの開発に関するソフトウェアの品質基準
ASPICE	「Automotive SPICE」の略，プロセス評価（ISO/IEC 15504）の一種	Automotive SPICE は，自動車業界で車載ソフトウェア開発プロセスのフレームワークを定めた業界標準のプロセスモデルで車載ソフトウェアの開発プロセスを定量的に評価することが目的
CMMI	「Capability Maturity Model Integration」の略で，「能力成熟度モデル統合」と訳される	CMMI とは，組織がプロセス改善を行う能力を評価する手法および指標．ソフトウェア開発プロセスの成熟度を図る CMM を元に複数の同種の手法を統合した汎用的な手法
DR	「Design Review」の略で，「デザインレビュー」と訳される	より多くの設計者，専門化が集まり，設計内容の問題抽出と対策可否の判断を行う．一人では見落としがちな設計上の問題を高い確率で抽出することで未然防止を計る

出所）齊藤智明（2021），前掲稿，『日本信頼性学会誌　信頼性』，43(6), p. 351, 表 3．

特定，分析し，ソフトウェア開発のどの段階に原因があるかを分析する．そして，再発防止のためのプロセス改善，ルール改善等を行う．

　具体的な手法のうち，代表的なものを**表 6-3**に示す．ソフトウェアの開発形態は，代表的なものでウォータフォール型，アジャイル型，テスト駆動型とあるが，何れもソフトウェアライフサイクルプロセス（ISO/IEC12207）でソフトウェアの開発や保守に関わる活動全般の標準が策定されている．

（4）電子制御システムの時代　2000年代〜

　1980年代に始まったマイコンの搭載であるが，2000年頃からマイコンの技術革新をきっかけに，車両の統合制御やより複雑な機構を持つ直噴ガソリンエンジン，ディーゼルエンジンなど電子制御システムが開発されるようになった．

　このマイコンの技術革新による機能，性能の向上はいくつかあるが最も影響力が大きいのは，浮動小数点の演算が可能になったことである．

　それまでのマイコンは固定小数点と呼ばれる演算のみ可能（**表 6-4**）だったため，高度な制御理論を実装することができなかった．

表6-4　マイコンの進化と電子制御の役割変化

項目		～90年ごろまで	2000年頃まで	2000年以降
マイコン機能と性能	計算精度	8, 12ビット 固定小数点	16ビット 固定小数点	32ビット以上 浮動小数点
	サイズ	数Kバイト	数100Kバイト	数Mバイト～
電子制御の役割		制御システムのほとんどが機械部品で構成され，電子制御は制御精度向上を担当	電子制御無しでは機能を成立させることができない	ハイブリッドのように，複数の電子制御が協調して，自動車全体の走行制御を実現させる
ソフトウェアの役割		組込みソフトウェアと呼ばれ，機能が限定的	組込みソフトウェアだが，プログラム容量が急激に増加した	制御の機能やシステムの信頼性に対して，ソフトウェアが主な役割を持つようになった

出所）齊藤智明（2021），前掲稿，『日本信頼性学会誌　信頼性』，43(6), p. 351, 表1.

　このため，航空機のような高度な電子制御システムを自動車に適用することは不可能であった．そして，浮動小数点演算機能を搭載した自動車用のマイコンが登場したことで，一気に高度な電子制御システムを実現可能にした．加えて，記憶（メモリ）容量の拡大，処理スピード（動作周波数）の向上によって，複雑な制御や大量のデータを処理することが可能となった．

　このため，従来機械や電気などのハードウェアで担当していた機能をソフトウェアで実現する取り組みが一気に加速した．例えば，1990年代のディーゼルエンジンの燃料噴射は，ハードウェアのみで制御していた．しかしながら，1998年頃から，ソフトウェアによる制御となり，もしソフトウェアにバグ等があると，エンジンの出力が異常となり安全でなくなる状況が起こり得るようになった．このため，ソフトウェアの信頼性，安全性向上のための開発工数が幾何級数的に増え，開発コスト，期間を増大させていった．

　図6-4に，自動車の市場での不具合のうちリコールとなった件数を示す．

　1996年から急増し始めた後，2005年から高止まり，さらに増加している．これは，本来，開発段階で検証，解決すべき問題が，市場導入後に起きたことを示していると考える．

　この問題を防ぐべく，2000年ごろから自動車用の機能安全規格の策定が始まった．これは画期的な安全論証の手法で，ソフトウェアが主体的となった電子制御システムの安全性を第三者でも客観的にわかるようにする手法である．

図 6-4　自動車の不具合件数を示すリコール数

出所）国土交通省（2024），「令和 5 年度のリコール総届出件数及び総対象台数について（速報値）」を筆者が読み取り筆者作成.

　自動車の機能安全規格（ISO26262）は，機能安全基本規格（IEC 61508）をベースに作られている．IEC61508は電気・電子・プログラマブル電子システムの機能安全に関する国際規格である．1900年代後半，イタリア・セベソ事故やインド・ボパール事故などの化学プラントによる大規模な事故が増加した．これらの事故の原因とされる人的要因，技術要因，組織要因を防ぐための対策として，策定された機能安全基本規格が IEC 61508である．

　図 6-5 に示すように，この IEC61508をきっかけに原子力分野，鉄道分野，プロセス産業や自動車分野に向けた機能安全規格が次々と策定された．

　ISO26262は，IEC61508の基本概念を自動車業界向けに適用し，自動車業界の特有技術とノウハウを体系立てた機能安全規格である．この規格は，自動車の電気・電子システムの開発において，リスクベースのアプローチを採用し，車両システム全体の安全性を確保するための具体的な指針を提供している．

　この規格の特徴は，**図 6-6** に示す踏切の例のように，100％の安全を目標にするのではなく，障害が起きるリスクが社会的に許容されるレベル以下にすることを目標に設計することである．

　従来の考え方は，構成する部品やソフトウェアの信頼性を向上させることで，電子制御システム全体の信頼性を向上させる考え方にあったため，システム全体の信頼性は結果でしかなく，客観的な説明が不可能であった．

　一方で，機能安全規格は，個々の部品ではなく，システムトータルでの重大な事象が起きる確率を社会的に許容されるレベル以下にすることを目的として

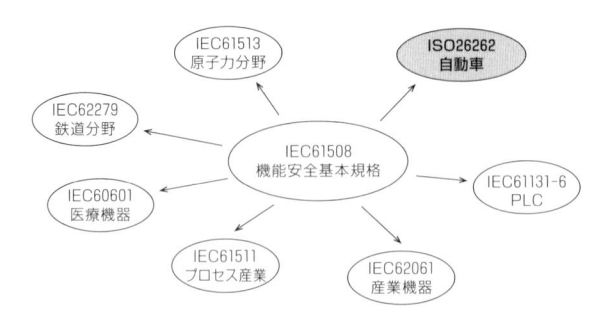

図6-5　自動車の機能安全規格（ISO26262）と他分野規格の関連

出所）齊藤智明（2021），前掲稿，『日本信頼性学会誌　信頼性』，43(6)，p. 353, 図9．

立体交差：本質安全

交差している場面で事故をなくす，最も確実な方法．
根源からリスクを排除することで安全を確保する．

踏切：機能安全

経済的理由や場所などの理由によって，立体交差にできないため，信号や遮断機などの安全機能によってリスクを軽減させ，ゼロにはできないが，許容できる程度以下に軽減する．

図6-6　本質安全と機能安全

出所）齊藤智明（2021），前掲稿，『日本信頼性学会誌　信頼性』，43(6), p. 352, 図8．

いる．なので，一部の部品については，信頼性が低く故障する可能性があったとしても，適切な安全方策（フェールセーフ）を予め組み込むことで，故障したとしてもシステムとしては重大な事象が起きる確率を社会的に許容されるレベル以下に設計する．

　ISO26262は，電子制御システムの信頼性を確保，さらに改善させるのはもちろん，担当したエンジニアに信頼性を委ねるのではなく，組織として，業務プロセスとして信頼性確保の責任と説明責任を負うという点が画期的であると考えている．

　現在では，自動運転システムを始め，さまざまな電子制御システムの信頼性確保のために，国際標準規格である ISO26262 に沿った開発をすることで，組織全体での信頼性確保と第三者への説明のためのドキュメントの蓄積が成されている．

　それだけでなく，説明責任を果たすための仕組みとドキュメントの蓄積ができるようになったおかげで，エンジニアは，自信を持って電子制御システムの開発に向かうモチベーションが高まったと考えるからである．

（5）先進運転支援システム時代　2010年代〜

　高度の電子制御システムの実用化で，誰もが運転技量を持ったドライバーと同等の運転が可能になった．しかしながら，あくまで人が操作した場合の支援であった．しかしながら，前方不注意やレーンチェンジ時の確認不足など人のミスにおける事故を防ぐことはできなかった．これらの人為的なミスを防ぎ，さらに交通事故を防止するという目的で2000年ごろから各社とも先進運転支援システム（ADAS）の実用化を開始した．この ADAS には，衝突被害軽減ブレーキ（AEB），車線逸脱警報システム（LDW: Lane Departure Warning），アダプティブクルーズコントロール（ACC: Adaptive Cruise Control）など，さまざまな機能が含まれている．

　この ADAS の登場であらたな危険が顕在化した．例えば，トンネルの入口を前方車両として認識して急ブレーキをかけるなどの誤動作によって，後続車両に追突されるという事故が発生するようになった．

　これには，2 つの要因がある．

① ユーザの誤操作

　ユーザ（＝ドライバー）がシステムの機能や限界を正しく理解していない場合，システムの使用方法を誤ることが発生する．例えば，衝突被害軽減ブレーキ（AEB）が適切に機能する速度範囲を超えて運転する場合，機能する速度範囲を超えているにも関わらずユーザは，AEB が作動すると思い込んでいるために，人為的ミスで事故が起きてしまう．

② システムの限界

　システムの設計上の限界を超える状況で使用されると，意図しない動作を引

き起こす可能性がある．例えば，急な傾斜の道路自体を障害物として誤認したり，トンネルの入口を前方車両として認識したりする場合があるが，センサの取り付け角度，位置や天候のなどの周囲環境条件が影響している．

　1つ目の要因の解決は，繰り返し制限があることを周知することと誤った使用方法での危険の啓蒙活動を続けることである．

　2つ目の要因の解決に対応するために，「意図した機能の安全性」SOTIF が生まれた．

　SOTIF とは，Safety of the intended functionality の略であり，2022年 6 月に国際規格 ISO21448として発効された．SOTIF は，システムと操作する人，稼働する環境性能限界や外部環境の影響，ユーザまたは交通参加者による誤用／誤操作に起因するシステム故障がない状態における危険事象を防止することを目的としている．

　SOTIF は，以下の要素に焦点を当てて安全性を確保する．

① システムと操作する人の関係：
　システムの動作範囲と制限を明確に定義し，ユーザがその情報を理解し適切に操作できるようにすること．
② 稼働する環境の理解：
　システムが使用される環境におけるリスクを評価し，外部環境の影響を考慮すること．例えば，悪天候や複雑な交通状況に対応する能力の評価．
③ 誤用および誤操作への対応：
　ユーザや他の運転者による誤用や誤操作が発生した場合のリスクを評価し，そのリスクを最小限に抑えるための対策を講じること．

　SOTIF は，自動車の機能安全規格では対応できてない新たなリスクに対応する開発手法を提供すると同時に，この規格は，最初からあらゆる場合のシステムの安全性を求めるのではなく，システムの安全性を保証できる範囲を明確にし，その範囲内での安全性を体系的かつ論理的に検証するという現実的な安全論証を求めていることである．

　この特徴から SOTIF は，自動運転システムの安全性を確保と客観的な説明をするために不可欠な規格となっているおり，この規格に準拠することで，自動車メーカはシステムの安全性を高め，ユーザと社会に安心感を提供すること

を可能にしている.

4　自動運転レベル 4 に向けた安全論証の取り組み

　これまでの 3 節では，自動車の進化とともに安全論証の歴史を紹介してきた.自動車の進化において「安全性・信頼性」は，使用者や社会が安心を感じるための必要な条件の 1 つであり，その安全性がどのように確保されているかを透明かつ理解可能な形で提供することが重要である.

　従来の自動車技術は，まず技術が登場し，それが社会問題を引き起こした後に信頼性の向上や安全論証の技術が進化してきた.

　しかし，自動運転技術の実用化においては，大きく異なる点がある.それは，自動運転技術の価値を人間のみが運転する場合よりも高度な認知，判断及び操舵によって，ヒューマンエラーに起因する事故が削減されるものでなければ，社会実装は難しいという認識を各国の自動車 OEM が共有していることにある.

　確かに自動運転の実現により，高齢者等の移動支援，物流サービス等における運転手不足への対応等，道路交通に関するさまざまな課題を解決することが期待されているが，レベル 3 以上の高度な自動運転システムは未だ開発途上の技術であり，社会的受容性を現時点でまだ得られていないという背景があるからである（向殿 2009）.

　2015年ごろには，自動運転の実証実験が盛んに行われ，実用化が近いかと思われていたが，実験結果だけでは，安全性がどのように確保されているかを不透明かつ理解不能なため，社会的受容性の醸成に役に立っていない.

　そこで，2018年頃から以下の方針で自動運転のレベル 3 以上の社会的受容性を得られるための活動が進んでいる.

（1）完全自動運転に向けた安全論証の方針
　自動運転システムの人身事故をゼロにするのではなく，合理的に予見できて防止可能な事故を防ぐことを目標にすることの国際的な合意形成が成された.

　例えば，真夜中に高速道路を走行中に高速道路上方に設置された橋から人が自動運転中の自動車の直前に落ちて来たときには，人身事故を防げなかったとしても仕方がないとするということである.なぜなら，橋から人が飛び降りるのは予見不能であるし，もし落下中の人を発見できたとしても，時速80km/h

で走行中だと回避できないからという理由からである．

　この考え方によって，自動運転技術の実用化に向けた安全論証が大きく前進するようになった．そして，この目標を達成したことを客観的に証明するために，下記の 2 つの考え方で安全性確保と確保できていることの説明を可能にする活動が進んでいる．

① 運行設計領域（ODD: Operational Design Domain）（向殿 2009）の設定
　　あらゆる道路環境や気象条件や使用方法での自動運転を目指すのではなく，個々の自動運転車が有する性能や使用方法に応じた運行設計領域（ODD）を定めて，道路環境，気象条件を制限し，合理的な予見を定義し，防止可能な事故を定義することで，自動運転システムを客観的に評価できるようにする仕組みである．

② ODD の範囲内での網羅的な危険シナリオの洗い出しと評価
　　ODD の範囲が狭く，明確に定義できれば，その範囲内での危険シナリオ網羅的に洗い出せていることが証明できるようになる．同時に洗い出した危険シナリオに対する自動システムの対応も客観的に評価できるようになる．
　　そして，この ODD の範囲を少しずつ広げて行くことで，自動運転走行可能な範囲を広げようという仕組みである．

　このように，自動運転技術の進歩だけに頼るのではなく，安全性がどのように確保されているかを透明かつ理解可能な形で提供し続けることで，社会的受容性を高めて行こうというアプローチである．

　このような安全論証のアプローチを取って，世界初の自動運転レベル 3 のシステムを搭載したホンダのレジェンドが2021年 3 月に100台限定の法人リースで販売された（Honda 2021）．

（2）国際標準規格による安全論証の裏付け

　さらに，自動運転レベル 4 に向け，このアプローチに基づく規格策定と検証が世界的に進められている．なかでも，ISO 34502, ISO/TS 5083, UL 4600, ISO 22737などの標準規格は，自動運転システムの信頼性と安全性を評価するための重要な基準を提供しており，実証実験を通じて，自動運転レベル 4 の社会的受容性を着実に高めている．これらの規格について以下で説明する．

① ISO 34502

自動運転システムのテストシナリオ—シナリオベースの安全性評価フレームワークと呼ばれ，先ほどの危険シナリオの洗い出しと評価に関する国際標準で，日本の自動車技術会（JSAE: Society of Automotive Engineers of Japan, Inc.）が中心となって策定した．

② ISO/TS 5083

自動運転システムの安全性—設計，検証および妥当性と呼ばれ，特にレベル 4 の自動運転技術に関して，車両が人間の介入なしに安全に運転を継続できることを保証する要件を定めようとしている．主に欧州の OEM 中心に策定された．

③ UL 4600

自律製品の評価に関する安全規格と呼ばれ，自動運転車の設計と評価における包括的なガイドラインを提供し，運用環境の全てに対して安全性を確保するためのベストプラクティスを示している．フェールセーフ機能や冗長性の評価が重視されており，主に米国の OEM 中心に策定された．

④ ISO 22737

事前定義されたルート用の低速自動運転システム（LSAD: Low-Speed Automated Driving）—性能要件，システム要件および性能試験手順と呼ばれ，レベル 4 のうち，低速自動運転システム向けである．限定されたエリアでの自動運転車の安全性と性能を評価するための基準を提供し，限定された領域での自動運転技術の信頼性と安全性を確保することを目的としている．

おわりに

イノベーションとは，発想方法や新たな商品・サービスに関する注目が集まりがちである．しかしながら，社会を変革するような画期的なアイデアであっても，それを現実化し，社会に浸透させるには，技術的な障壁，社会的受容性の壁，経済的な障壁など，数多くの困難が存在する．

自動運転車や AI 技術，ドローンを含む無人航空機のような新しい技術にお

いては，特に社会的受容性の前に立ちはだかる壁を打ち破るための安全論証
（信頼性・安全性を要件とした）が鍵を握っている．まさに，信頼性・安全性のイ
ノベーションそのものになっていると言っても過言ではない．

　本章が，信頼性・安全性研究の社会的意義の理解とこれから求められている
役割変化の理解の一助となり，より多くの研究者，専門家が集まり信頼性・安
全性のイノベーションを加速するきっかけとなれば幸いである．

参考文献

独立行政法人情報処理推進機構（IPA）（2008），「組込みシステムの安全性向上の勧め
　　（機能安全編）」，オーム社，p. 4.

Honda（2021），「自動運転レベル3「レジェンド」発売．Honda が自動運転技術で目指す
　　「事故ゼロ社会」とその先にある「自由な移動の喜び」とは」（https://global.honda/jp/
　　stories/009.html，2024年6月23日閲覧）．

伊東維年（2011），「カーエレクトロニクス化の進展とその課題」，『産業経営研究』，30，
　　熊本学園大学，pp. 65-88.

国土交通省（2018），「自動運転車の安全技術ガイドライン」（https://www.mlit.go.jp/
　　common/001253665.pdf，2024年6月23日閲覧）．

―――（2024），「令和5年度のリコール総届出件数及び総対象台数について（速報値）」
　　（https://www.mlit.go.jp/report/press/jidosha08_hh_005100.html，2024年11月6日閲
　　覧）．

向殿政男（2009），「安全技術の現代的課題と社会的受容性」，『精密工学会誌』，75(9).

日本信頼性学会 HP，学会誌目次（https://www.reaj.jp/，2024年6月23日閲覧）．

齊藤智明（2021），「信頼性，安全性向上に向けた自動車の電子制御システム開発」，『日本
　　信頼性学会誌　信頼性』，43(6)，pp. 348-356.

―――（2023），「自動車の電子制御システムの安全性と信頼性における説明責任の考
　　察」，『日本信頼性学会誌　信頼性』，45(1)，pp. 28-35.

嶋倉征雄（1985），「自動車交通と保険――国際比較――」，『国際交通安全学会誌』，11(1)，
　　pp. 31-41.

津川定之（2015），「自動運転システムの60年」，『計測と制御』，54(11)，pp. 797-802.

第Ⅲ部　イノベーションを支える要素技術・基盤技術

第7章

スケジューリング分野におけるイノベーション
——通勤カープールの実現に向けたイノベーション——

スケジューリング学会　繁野 麻衣子，橋上 英宜

1　スケジューリング学会とイノベーション

スケジューリング学会は，スケジューリングの専門家によって1993年から開催されてきた「生産スケジューリング・シンポジウム」が基となり，それまで異なった学会で活動してきた研究者・技術者がスケジューリングという共通のテーマの下で結ばれ形成された．産業界・学界の区別なく，民主的思考に基づき各世代の研究者・技術者が対等に交わり，互いに研鑽し，成果を公表し，スケジューリングと関連問題に関する理論と技術の発展を通して共生を旨とする来るべき社会に貢献することを目指している．毎年，シンポジウムを開催し，スケジューリングの理論から応用技術，事例まで幅広く研究発表が行われている．そして，隔年で国際スケジューリングシンポジウムを開催し，海外の研究者も交えて知識の共有を行っている．その他，研究部会として2024年度は「プロジェクト＆プログラム・アナリシス」「サービス・サイエンス」「数理最適化と機械学習」が設置されている．

スケジューリングの技術は，限られた資源から価値創造し豊かな生活を導くためにさまざまな分野で活用されている．特に，昨今の人工知能（AI）技術の浸透により社会システムも大きく変革しているが，人間と AI が共生した社会のイノベーションは，限られた資源，空間，時間を有効に活用することで，より便利で快適な生活を実現する．ここで，スケジューリング技術が重要となるイノベーションの例を見てみよう．

IoT（Internet of Things）を活用したプロセス・イノベーションとして近年注目されているのがスマート工場である．設置センサーにより逐次データを取得・蓄積・分析し，生産をコントロールすることで生産性，品質向上に加え，働きやすさの改善も目指している．センサーにより不良品や機器の不具合を検知することは，検査工程を自動化し生産効率を高めることに留まらず，保全計

画や機器の一時中断まで勘案した生産スケジュールの立案ができるようになる．この生産スケジューリングは，需要を予測し，材料調達や在庫を考慮し工場の資源を最大限に活用して，何時どの製品をどれだけ生産するのかを決定しており，プロセス・イノベーションの根幹となっている．このような生産スケジューリングに関わる研究は，理論面・実用面ともに長らく活発になされているが，近年ではリアルタイムでの柔軟なスケジューリングのニーズが高まっている．

　また，長時間労働の改善など働き方が見直され，ワークスタイルイノベーションが起こる中，勤務表作成も注目されている．勤務表作成とは，誰が何時どの仕事をするかを決定することで，労働条件を満たしつつ業務効率を上げるように勤務者をスケジュールする．スケジューリングの分野では看護師の勤務表作成が古くから注目されているが，近年ではさまざまな分野に適用されている．特に，24時間体制でシフト組みが必要な業種，アルバイトなど勤務時間が不定な勤務者が多い場合などでは勤務表作成が不可欠である．勤務表作成が自動化されることにより，作成担当者の負担を減らせるのみならず，属人的になりがちな作業内容を明確にすることで勤務者の不満低減が期待され，また，教育効果の高い勤務表など今までにない視点を取り入れることが可能になる．しかし，対象となる業種特有の条件や現場の細かい要望を反映したスケジュールが要求されるために，完全な自動化は多くの場合未だ難しい．

　もう1つの例として，近年の想定を超えた災害に対する防災・減災のイノベーションのためのスケジューリングがある．さまざまな被害状況を想定して，デジタル情報を利用した避難計画，物資の輸送計画，インフラの復旧計画，情報収集・伝達のためのスケジュールなどが必要となる．災害対応に関しては，あらゆるシナリオを想定して作成したスケジュールをシミュレートして，その実用性を検証することで危機対応体制が取られる．

　このように，スケジューリングが活用される場面としては，社会システムのなかに新しい技術を導入したり，新しい市場に商品やサービスを展開するイノベーションを起こしたときの効果を測る段階が第一にあり，次にそのイノベーションを円滑に遂行，浸透させるために，効率的な計画を作成する段階がある．その対象分野は，生産，物流，電子商取引，サプライチェインマネジメント，システム設計，プロジェクト管理，交通・輸送，教育，医療・看護，福祉，次世代IT，次世代エネルギー，行政，政策決定，環境，建設など多岐にわたる．

次節からは，一例として通勤渋滞の解決の新たな一方策としての，マイカーを利用した通勤カープールの可能性の検討におけるスケジューリングの役割を紹介する．

2　通勤カープールとその実態

2020年国勢調査によれば，自家用車のみによる通勤・通学者は2831万人（全体の49.5%）であり，交通手段別割合で最も多かったと報告されている．地方都市は自動車への依存度が高く，特に，従業員を多く抱える大規模な生産工場は公共交通の利便性が低い郊外に多く立地しているため，出退勤時の交通集中による交通渋滞やCO_2排出による地球温暖化等さまざまな問題を引き起こしている．このような背景のもと，より望ましい通勤手段のあり方を考える取り組みである「エコ通勤」の1つに，複数の通勤者が自家用車で送迎し合う車の相乗り（カープール）がある．近年，日本でもライドシェアが導入されているが，通勤カープールは通勤に特化し通勤時の車両数を削減することが目的である．

（1）通勤カープールの実態

通勤カープールは，すでに商業事業として確立されている．米国では総合自動車部品メーカー Robert Bosch が企業・大学・自治体向けのカープールサービスのスタートアップ Splitting Fares Inc. を買収して市場に参入した．シリコンバレーにある Scoop は累計1億ドル以上を資金調達し，法人向けにカープールサービスを提供した．イギリスの Mobilityways は通勤カープールのプラットフォーム Liftshare for work を提供しており，700社以上の導入で約8400人が利用することで，約18.7トンの CO_2 削減を達成したとされる．ベルギー，デンマーク，中国などでも導入事例がみられる．

そして，実際に相乗り通勤を経験したことのある利用者へのアンケート調査や，商業化されているカープールサービスから収集した利用者データなどの分析に基づくカープールの規模効果や公共交通との関係の調査，カープールを利用する動機や心理的側面の調査分析，カープール通勤者の行動分析などの研究がなされている．これら調査研究より，カープールを利用する動機は，

- 快適性（公共交通機関の混雑を避けられる）

- 効率性（公共交通機関と比較して移動時間が短くなる）
- 利便性（車の乗降時間と場所を融通できる）
- コスト（通勤者間で交通費を分割できる）
- 環境（環境に優しい持続可能な交通手段である）
- 体験（車内で会話できる，他者との移動を楽しむ）
- 利他主義（移動で困っている人を助ける）
- 帰属意識（コミュニティへの連帯感，団結感）
- 社会的地位（社会に受け入れられていると感じる）
- 社交性（接点の少ない同僚との新たな繋がりが持てる）
- 信頼性（カープールの運転者は時間などの約束を守る）

にまとめられる（橋上 2024）．各国や都市によって状況は異なるものの，通勤カープールを利用する動機を理解することは重要な研究テーマであり，カープールの利用を促進するためには，金銭的および心理的インセンティブの効果的な設計が不可欠である．

　日本国内では通勤カープールの実証実験が数年前より始まりつつあり，タクシーでの相乗り通勤や，ディーラーの試乗車など遊休車両を利用した通勤カープールが実施されている．企業や自治体でのエコ通勤の推奨もあり，通勤カープールは注目される一方で，多くの参加者がいないと効果が発揮されなかったり，慣習や法規制などが障壁となり企業の積極的導入には未だ至っていない．しかし，2021年11月1日にタクシーの相乗りサービスが制度化され，乗客同士のタクシー料金の按分に関する考え方やルールが明確になり，2024年4月にはタクシー事業者の運行管理のもと日本版ライドシェアが複数地域で開始され，「相乗り」は日本でも浸透しつつある．

（2）通勤カープールのスケジューリング

　カープールの実現を支援する技術の1つに，何時，誰が乗り合わせるのかを決めるスケジューリングがあり，さまざまな状況を想定したモデルが議論されている（Agatz et al. 2012；Furuhata et al. 2013；Mourad et al. 2019；Zafar et al. 2022）．大きな分類として，日々の通勤時に運転者と同乗者の乗り合わせを都度決定する日常型（daily type）と，通勤者でグループを作り一定期間継続して乗り合わせる長期型（long-term type）がある．

カープールのスケジューリングでは，通勤者を同乗させることで発生する迂回時間・距離の許容範囲内で，運転者の総走行距離と乗車できなかった同乗者のペナルティの和を最小とする通勤ルートの構築が基本形となる．通勤者は共通の勤務地に向かうものとし，通勤者の乗降地点，乗降地点間や乗降地点と勤務地間の移動時間や移動距離はあらかじめ既知とする．このとき，出勤時のカープールでは，以下の条件を満たすように運転者の通勤ルートを決定する．

- 運転者の通勤ルートは途中同乗する通勤者の乗降地を経由して勤務地に向かう．このとき，通勤ルートの移動時間・距離は，運転者が設定する運転上限時間・距離を超えない
- 運転者の通勤ルートで同乗する通勤者数は，車両の乗車人数を超えない
- 通勤者は設定した出発可能時刻以前には出発せず，勤務地には設定した到着時刻以前に到着する
- 同乗者は，高々一人の運転者の通勤ルートに割り当てられる．いずれの運転者の通勤ルートにも割り当てられない場合は，ペナルティを与える
- 運転者の通勤ルートの総移動距離と同乗できない同乗者のペナルティの和を最小化する（目的関数）

退勤時のカープールは，勤務地を出発するルートとなり，同様の条件が設定される．条件を満たす通勤ルートは，数理最適化を用いて求められる．通勤者が多い場合に対しては，ヒューリスティック解法が提案されている．また，不測の事態を考慮して確率計画を用いたり，通勤者の組み合わせと通勤ルート決定の 2 つの目的関数をもつ問題として多目的最適化を用いた手法などがある．

橋上（2024）は，複数の企業，自治体，大学の関係者へのヒアリングや国内の通勤カープール以外での相乗りに関する事例研究を通じて，日本で通勤カープールを普及させるための重要成功要因として「受容性」「安全性」「法規制対応」の 3 つを定めている．

「受容性」とはカープールを利用する通勤者のニーズに応えることであり，ニーズの 1 つに同乗する通勤者間の気兼ねの軽減がある．通勤ルートの効率面のみに着目してサービス実装した際，利用者の満足度は低くサービス継続が困難となる．そこで，通勤者の組み合わせに対する満足度を高めるために，通勤者の属性や趣味などの共通要素が多い通勤者の乗り合いを優先することで通勤者同士の安心感や楽しさを増幅し気兼ねの低減につながるようにする．

「安全性」とは運転者の通勤ルートの安全性を高めることである．通勤ルートでの交通事故に遭遇する確率を下げることは，カープールを利用する通勤者だけでなく，サービスを導入する企業や自治体にとっても大切なことである．そこで，交通事故が発生する可能性の高いルートをできる限り避けるために，事故発生位置の統計データである事故発生件数と運転者自身の運転スキルを用いて事故リスクを求め，移動距離に事故リスクを乗ずることで，移動距離のみでなくリスクの軽減も考慮した安全ルートを求める．そして，同乗者の送迎時には指定した2地点間の最短経路を選択すると想定し，事故リスクを軽減するように同乗者を組み合わせるようにする．

「法規制対応」は，日本の法規制への対応である．カープールによって迂回しなければならない運転者に金銭で対価を支払うためには登録申請が必要であり，これがカープール導入の障壁となる．一方で，運転者のカープールへの参加のインセンティブを維持することも必要であり，この解決の一方法について第4節（1）で述べる．

3　通勤カープールの実証実験

本節では，通勤カープールの実証実験を紹介する．これは，タクシーやマイクロバスではなく自家用車を使用した日本国内初の通勤カープールの実証実験である．企業や自治体へのヒアリングを通じて，カープールが日本で受け入れられるための成功要因の仮説を立てて，各要因に求められる要件を満たすモデルとプロトタイプを開発して実証実験で検証，実証実験後に実施したアンケート調査とドライブレコーダーを用いたルートの予実分析を通じて，実用化時の課題を明らかにした．

（1）実証実験概要

実証実験は，広島県に本社を置く株式会社 KGG ホールディングス（以下，K社），マツダエース株式会社（A 社）とマツダロジスティクス株式会社（L 社）の協力を得て，三井住友海上火災保険株式会社と MS&AD インターリスク総研株式会社とともに行った．K 社では，2021年11月5日から11月18日の間，社員10名（運転者5名，同乗者5名）が参加した．A 社と L 社では，2022年10月11日から10月21日の間，社員20名（各社10名の運転者5名，同乗者5名）が参加した．

参加者は，筑波大学の研究倫理審査委員会が定める事項，利用規約，プライバシーポリシーに同意し，さらに，COVID-19のワクチン接種を完了していることが参加条件だった．なお，実証実験前に中国運輸局広島運輸支局に，実証実験は通勤者間の金銭授受が発生しないため道路運送法「自家用有償旅客運送」「旅客自動車運送事業」に該当せず許認可が不要であることを確認している．

　参加者は，通勤カープールモデルを搭載した独自開発のiOS・Androidアプリを利用した．図7-1にアプリの設計図を示す．アプリを起動し，ログインした後で利用規約とプライバシーポリシーに同意し，設定画面で，自分のプロフィールや出発・到着場所，利用する曜日，出退勤時間などの通勤に関する情報を設定する．すると，一週間の通勤スケジュールが表示される．出勤日のボタンをタップすると，地図上にその日の出退勤経路と乗り合わせ情報が表示される．運転予定時間には乗降時間のための3分間のバッファが含まれている．

　スケジュールには，事故の起こりやすい場所を避けつつ運転者の安全ルートを求めるモデルを採用した（Hashikami et al 2023a）．事故発生位置データは，三井住友海上が保有する2020-2021年に発生した広島県の物損事故と人身事故のデータの中から，事故多発地点1万5454件のうち粒度が住居番号かつ事故発生件数4件以上のデータを用いた．また，地点間の移動距離と移動時間はGoogle Map APIから取得し，通勤スケジュールの決定は整数計画ソルバである Google OR-Tools を用いた．実証実験においてはCOVID-19感染予防のために，同乗者は1名とし，運転者と同乗者の組み合わせは期間中同一とした．

　運転者の自家用車には，走行データと事故状況を記録するための専用ドライブレコーダーを設置した．

　表7-1に参加者のデモグラフィックデータと相乗り通勤の経験を示す．各行は相乗りした運転者と同乗者のペアに対応している．年齢，性別，役職の異なるさまざまな社員が参加した．K社の勤務地は広島市郊外にあり，バスやアストラムラインなどの公共交通機関の最寄り駅から離れた場所にあるため，相乗り通勤経験者が多かった．A社の勤務地には電車，バス，路面電車などの公共交通機関で向うことができるため，相乗り通勤経験者は少なかった．一方，L社では相乗り経験者が多かった．これは，2018年広島で豪雨による土砂災害が発生し一部の道路が通行止めになった際，数ヶ月間渋滞を避けるために，会社から社員に相乗りの指示があったためである．

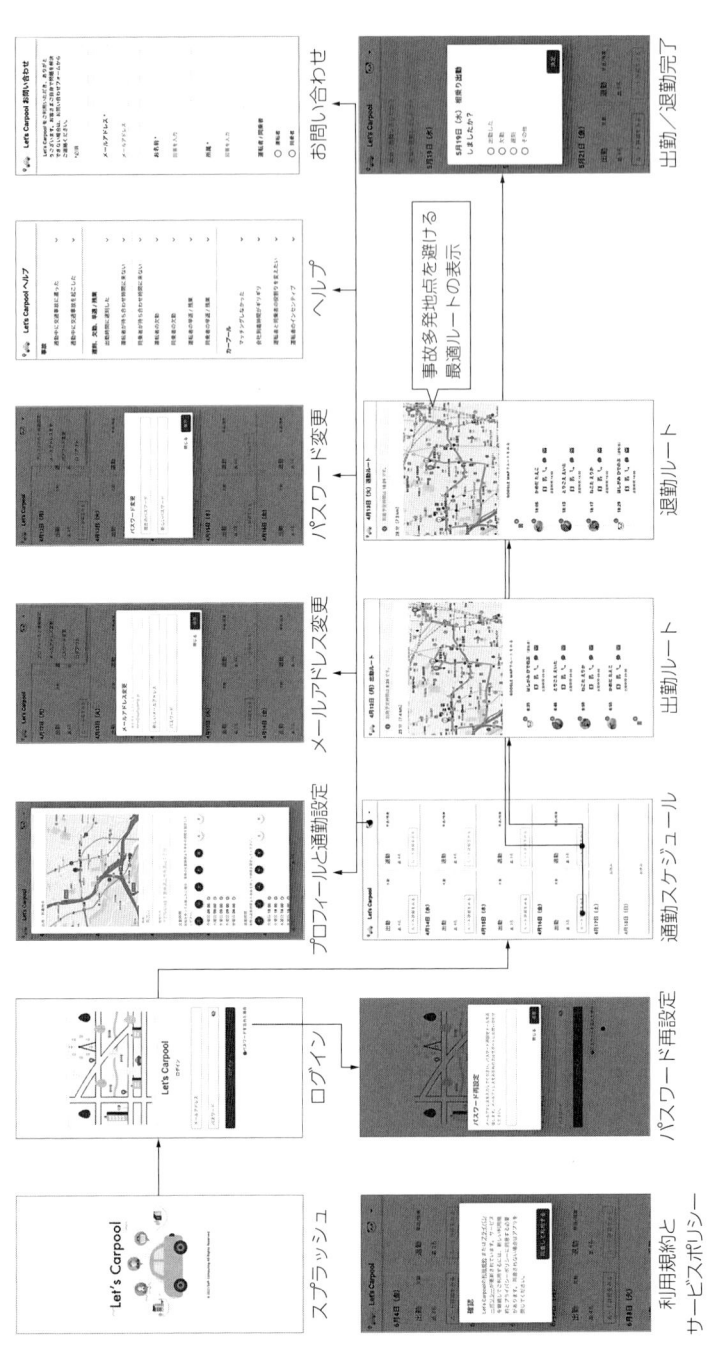

図7-1　アプリの設計図

出所）Hashikami et al. (2023b), "Challenges of Commuter Carpooling with Adapting to Japanese Customs and Regulations: A Pilot Study." *Transportation Research Interdisciplinary Perspectives*, 27. 100945. をもとに筆者作成.

表7-1　実証実験参加者のデモグラフィックデータと相乗り通勤の経験

対象	運転者				同乗者			
	年代	性別	相乗り通勤経験		年代	性別	相乗り通勤経験	
			出勤	退勤			出勤	退勤
K社	20代	女		有	20代	女		有
	20代	女	有	有	20代	男		有
	20代	女	有	有	40代	男		
	40代	女		有	50代	女	有	有
	50代	男	有	有	50代	男		有
A社	50代	男		有	40代	男		
	50代	男			50代	男		
	50代	女			40代	女		
	50代	男			60代	男		
	40代	男	有	有	40代	女	有	有
L社	60代	男	有		50代	女	有	有
	50代	男	有	有	50代	男	有	有
	20代	男	有	有	30代	男		
	50代	男			50代	男	有	有
	30代	男	有	有	30代	男	有	有

出所）前掲稿および Hashikami et al. (2023a), "Safe Route Carpooling to Avoid Accident Locations and Small Scale Proof of Concept in Japan," *IEEE Transactions on Systems, Man, and Cybernetics: Systems*, 53(7), pp. 4239-4250. をもとに筆者作成.

（2）実証結果

　最初に，実証実験で用いた通勤ルートの評価結果を**表7-2**に示す．カープールを利用せずに通勤者各々が運転して通勤したときと比べてカープールを利用したときの，車の総移動距離の削減率，運転者の運転時間増加率，事故地点回避率の結果である．

　対象によって結果に大きな差があり，通勤者の乗降地点や事故地点が影響しているが，総じてカ　プ　ルを利用することで総移動距離が削減されている．

表7-2　乗り合わせ結果の数値評価

	総移動距離削減率	運転時間増加率	事故地点回避率
K社	10.9%	44.3%	44.8%
A社	31.1%	28.0%	47.4%
L社	10.9%	6.9%	12.2%

出所）筆者作成.

しかし，運転者の運転時間は長くなり運転者に負担がかかった．また，事故地点が回避されていて安全性への効果が現れていることがわかる．

図 7-2 に一例として通勤ルートをプロットした結果を示す．上が安全性を考慮したときの通勤ルート，下が安全性を考慮しないときの通勤ルートである．車のアイコンが運転者，人のアイコンが同乗者の乗降地点であり，建物が勤務地である．事故のアイコンは事故地点を表している．安全性を考慮することで，経路が変更されていることがわかる．

次に，実証実験後に実施したアンケート調査結果を定性的に分析する．総括として，まずまずの相乗り通勤のニーズはあると思われ，運転者より同乗者から好評だった．安全性に関しては，参加者はルートの安全性について全員が強く意識しているわけではなかったが，通勤ルートの不満はなく，ルート提供に問題はなかったといえる．一方で，実用化に向けての課題が明らかになった．これらの課題を，通勤カープールの一連の行動ごとに運転者と同乗者の感情，要望，不満と一緒にまとめたジャーニーマップを図 7-3 に示す (Hashikami et al. 2023b)．

参加者の相乗り通勤に対する期待度の実証実験前後での変化を表 7-3 に示す．1 が最も期待度が高く，6 が低く，各参加者の「実証実験前の期待度→実証実験後の期待度」を示す．対象ごとに同乗した人が同じ行に示されている．相乗り出退勤経験者を濃グレー，退勤のみ相乗り通勤経験者を薄グレーで示している．注目すべきは，実証実験前後で相乗り通勤に対する期待度がほとんど減少していないことである．ただし出退勤の相乗り経験者の期待度は低く，退勤のみの経験者の期待度は高い傾向があり，出勤の相乗りには課題があると思われる．相乗り通勤の良かった点として車内体験，時間，コストの 3 つの観点で意見が得られた．

時間に関して，待ち合わせ場所での待ち時間，到着時刻の連絡，待たせることへの心理的負担，また，退勤時に時間を合わせることの困難さが指摘された．ドライブレコーダーの GPS データから再現した運転者の予実経路の分析では，運転者は渋滞で到着時刻の予想が難しい経路よりも，到着時間を予想しやすい普段の運転経路を走行していた．そこで，相乗り出勤時，同乗者の待ち時間を削減できるモデルの改善や，アプリに運転者の現在位置をリアルタイムに共有する機能を実装する必要がある．

今後の通勤カープール利用の意識に関する回答結果では，特に運転者として

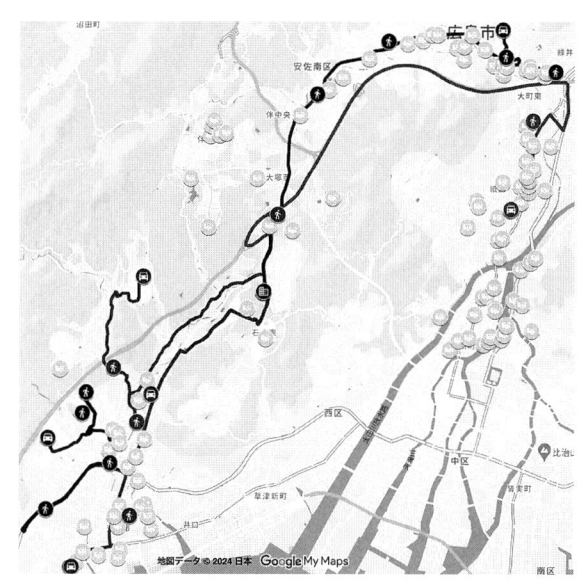

（a）安全性を考慮した通勤ルート

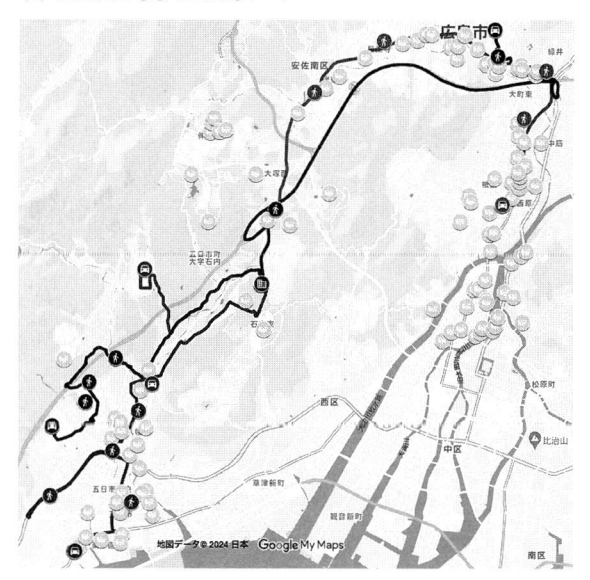

（b）安全性を考慮していない通勤ルート

図7-2　安全性の考慮の有無による通勤ルートの比較

出所）橋上英宜，Li Yu，繁野麻衣子（2024），「日本の慣習と法規制を考慮した通勤カープールモデル」，『電子情報学会論文誌A』，107，pp. 19-22，図1の一部．

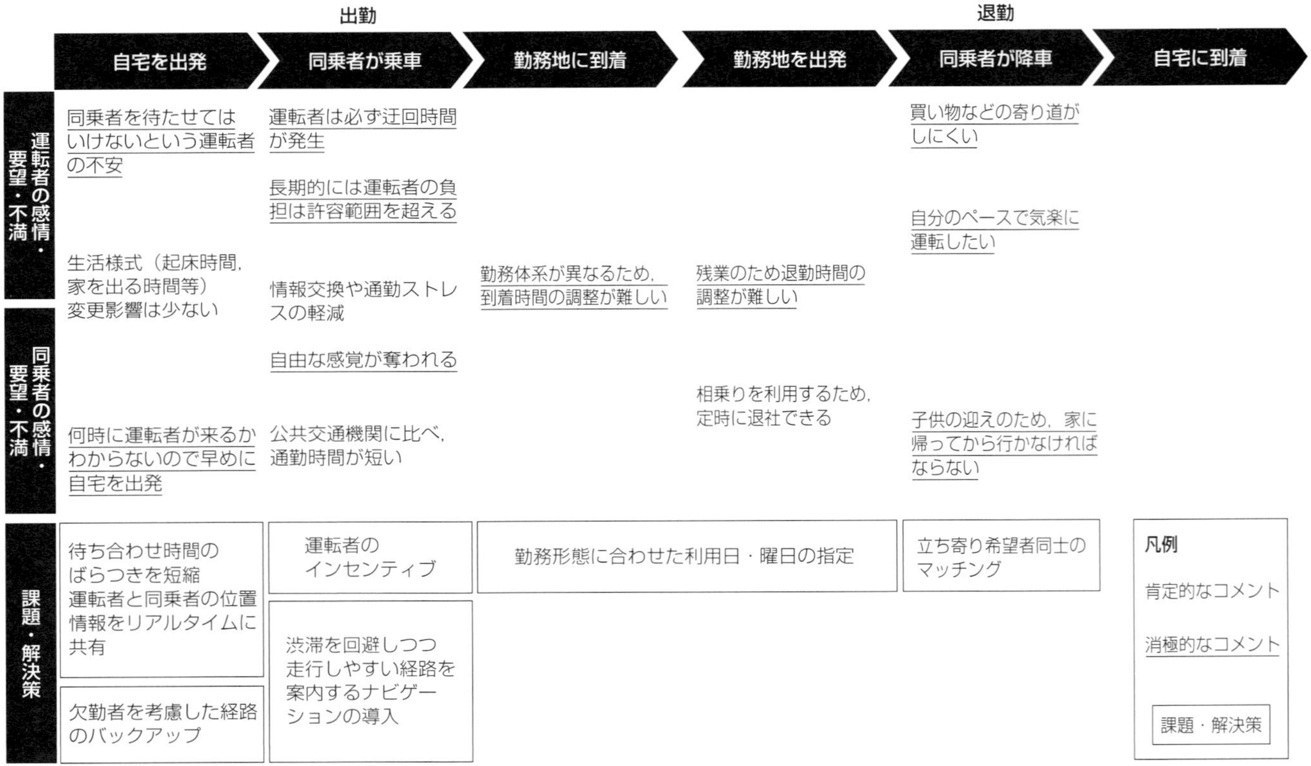

	自宅を出発	同乗者が乗車	勤務地に到着	勤務地を出発	同乗者が降車	自宅に到着
運転者の感情・要望・不満	同乗者を待たせてはいけないという運転者の不安 生活様式（起床時間，家を出る時間等）変更影響は少ない	運転者は必ず迂回時間が発生 長期的には運転者の負担は許容範囲を超える			買い物などの寄り道がしにくい 自分のペースで気楽に運転したい	
同乗者の感情・要望・不満	何時に運転者が来るかわからないので早めに自宅を出発	情報交換や通勤ストレスの軽減 自由な感覚が奪われる 公共交通機関に比べ，通勤時間が短い	勤務体系が異なるため，到着時間の調整が難しい	残業のため退勤時間の調整が難しい 相乗りを利用するため，定時に退社できる	子供の迎えのため，家に帰ってから行かなければならない	
課題・解決策	待ち合わせ時間のばらつきを短縮 運転者と同乗者の位置情報をリアルタイムに共有 欠勤者を考慮した経路のバックアップ	運転者のインセンティブ 渋滞を回避しつつ走行しやすい経路を案内するナビゲーションの導入	勤務形態に合わせた利用日・曜日の指定		立ち寄り希望者同士のマッチング	

凡例
肯定的なコメント
消極的なコメント
課題・解決策

図7-3　通勤カープールのジャーニーマップ

出所) Hashikami et al. (2023b), "Challenges of Commuter Carpooling with Adapting to Japanese Customs and Regulations: A Pilot Study," *Transportation Research Interdisciplinary Perspectives*, 27, 100945. をもとに筆者作成.

表7-3　相乗り通勤に対する実証実験前後の期待度の変化（1：高い〜6：低い）

K社		A社		L社	
運転者	同乗者	運転者	同乗者	運転者	同乗者
4 → 3	3 → 3	4 → 4	4 → 4	5 → 3	2 → 2
5 → 3	1 → 1	3 → 3	3 → 1	6 → 4	5 → 2
6 → 6	4 → 3	2 → 2	3 → 3	4 → 4	3 → 4
3 → 2	6 → 6	3 → 3	2 → 2	3 → 3	3 → 5
4 → 3	3 → 1	5 → 3	4 → 3	3 → 3	3 → 3

出所）Hashikami et al. (2023a, b) 前掲稿をもとに筆者作成.

相乗り通勤したいという期待は得られなかった．「今後，会社で相乗り通勤が導入されたときに利用したいか」という問に対して，週3回以上利用したいと答えたのは運転者で20%，同乗者で40%であり，出退勤のどちらで利用するか，また週あたり利用回数希望は回答者によりさまざまであった．多様な利用形態に対応できるサービスが望まれることがわかる．また，「他の同僚にも相乗り通勤を勧めたいか」に対しても勧めたいと回答したのは運転者は33%，同乗者は60%であり，運転者の負担が大きかったことが窺える．カープールでの乗り合わせ方として，運転者として参加するときに同乗者は固定したいが，同乗者として参加するときには乗り合わせ方にこだわりがないという回答が多かった．このことからも運転者の責任や負荷があり，運転者が相乗りに参加する動機づけは不可欠であることがわかる．

　同乗者は通勤が楽になる一方で，運転者は車内のプライベート時間がなくなる，迂回距離が長くなる，出社時間が早くなる，帰宅時間が遅くなるなど負担は大きい．運転手当によるインセンティブの設計は収益性にも関わる重要な課題である．

　その他，運転ルートに関しては，渋滞を回避しつつ運転しやすい道路を案内できるナビゲーションアプリが必要であり，車載カーナビとの連携や運転者の日頃選択する経路の傾向などを反映できるとよいことがわかった．さらに，出退勤時間の融通，残業などの急なスケジュール変更への対応，途中の立ち寄りなどの意見もあった．これら柔軟性に対応するためには，利用者の拡大が不可欠である．

4　通勤カープールの課題解決にむけたスケジューリング

　本節では，日本で通勤カープールを導入するにあたり法規制や慣習から阻害要因と考えられる2つの課題を対象に，それぞれを解決するためのカープールのスケジューリングモデルについて紹介する．

（1）日本の法規制に対応した通勤カープール

　カープールサービスの継続的提供のためには，法規制への対応と収益モデルの設計が求められる．運転者が自家用車を用いて有償で他の通勤者を送迎する場合，道路運送法に規定する「自家用有償旅客運送」及び「旅客自動車運送事業」に該当するため，国土交通省・運輸局の許認可が必要である．導入企業ごとに国土交通省・運輸局の許可・登録申請することは負担が大きくサービス導入の阻害要因になる．この法規制に違反しない無償サービスも考えられるが，無償提供だと運転者の負担のみならず同乗者の心理的負担となり，継続的なサービスが困難となる．一方で，賃金に関する以下条件を満たすことで許可・登録が不要である旨を国土交通省から回答を得た．

- 運転者は同乗する他の通勤者から運賃等を収受しないこと
- 手当は雇用契約（就業規則）に基づく賃金の一種として支給すること
- 運送の対価と誤解されるような算出方法（個々の運送に要した時間・距離に即して算出する等）を避けること

つまり，手当が運送の対価ではなく，あくまで運転者によるボランティア運送を奨励する目的で雇用契約に基づき支給される賃金であると解される場合には，運転者の行為は有償運送に該当しない．

　そこで，運転者に通勤カープール協力手当として対価を支払うことを想定する．この協力手当は以下の観点を踏まえて設計する．

- 運転者に支払う協力手当の総額は，カープールを導入しないときの同乗者の通勤手当の総額以下とする．つまり，通勤カープール導入により削減された同乗者の通勤手当を運転者にインセンティブとして分配する．
- 国土交通省からの条件を踏まえて，協力手当を一律同額とする．一律同

　額とすることで，人事労務の給与計算システムとの連携などもしやすく
　なり，導入コストを抑えられる．

　カープールのスケジュールでは，通勤ルートの効率面のみに着目すると，運
転者によって同乗者数や迂回時間・距離が異なり運転者間で不平等になりがち
である．このような不平等は，一律同額の協力手当のもとでは運転者のカー
プールへの参加インセンティブを失わせることとなる．運転者間の迂回時間・
距離が不平等にならないように，一定期間において運転者間の迂回時間の差を
少なくする（Li et al. 2023）．そこで，一定期間で運転者の総迂回時間が所与の
上限 D を超えないようにすることで，特定の運転者に負荷が偏らないように
する．モデル1では，各運転者の期間内のカープール参加日数で D を割り1
日あたりの上限を設定する．モデル2では，モデル1での1日あたりの上限を
対象日よりも前の期間での迂回時間の大小により調整する．対象日より前の各
日の迂回時間平均と当該運転者の迂回時間の差の総和が正であれば，対象日の
上限を小さくし，逆に負であれば，上限を大きくして緩和する．

　図7-4に示す10人の運転車（車のアイコン）と20人の同乗者（人のアイコン）

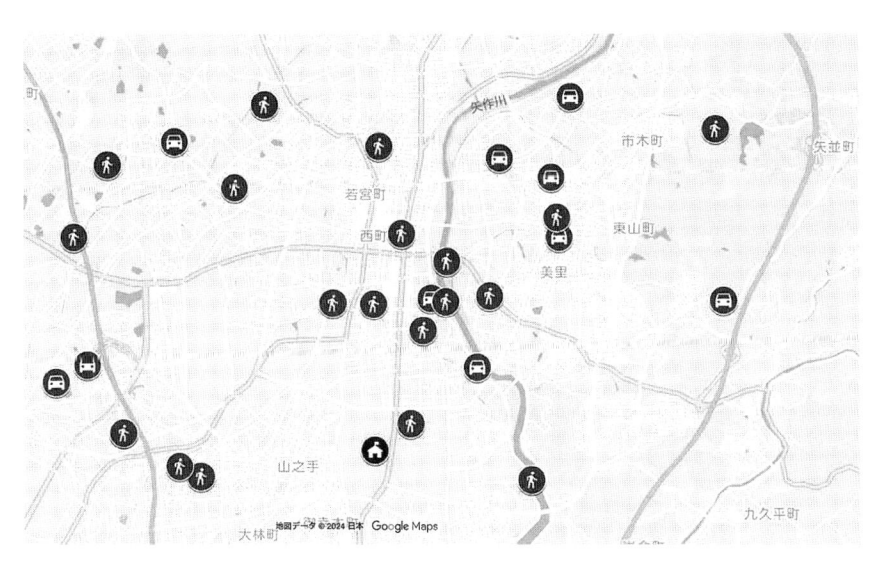

図7-4　迂回時間の公平性を考慮したモデルの検証用データ

出所）橋上英宜（2024），「日本の慣習と法規制を考慮した通勤カープールの研究」，筑波大学理工情報生命学
　　　術院システム情報工学研究群博士論文．

表7-4　迂回時間の公平性を考慮したモデルの結果比較

	総移動距離削減率	総迂回時間（分）の標準偏差
迂回時間公平性考慮なし	50.4%	24.9
モデル1	44.8%	13.7
モデル2	45.1%	5.7

出所）筆者作成.

　が目的地（ビルのアイコン）にカープールで通勤する場合の結果を**表7-4**に示す．各運転者の上限運転時間を60分として，乗車定員は4名（運転者含む）としている．期間は5日間とし，運転者の参加日はランダムに3~5日に設定している．

　このとき，迂回時間の公平性を考慮しない場合の5日間の総迂回時間の平均は35.4分であり，総迂回時間の上限 D はこの平均の1.5倍の52分としている．迂回時間の上限を設定することで，総迂回時間の標準偏差が小さくなり，公平になっているが，総移動距離削減率は小さくなっている．上限の設定により運転者の通勤ルートが制限されることより，同乗できない同乗者が生じることもあった．この結果を改善するために，モデル2では期間を長く取ることが効果的である．さらに，スケジュール作成を日毎ではなく期間内のすべての日を対象に同時に最適化することも経路の改善につながる．これにより，極端に迂回時間の長い日も許容されて同乗できない同乗者がいなくなる．さらに上限 D を所与とせずに，この値を最小化するように通勤ルートを決定することで，効率性と公平性が改善されるが，この問題を整数計画問題としてソルバで現実的な時間で解くことは難しく，専用アルゴリズム開発が必要である．

（2）急なキャンセルを考慮した通勤カープール

　通勤カープールには安定したサービス運営が求められる．同乗者は，運転者の急な欠勤や急な残業があっても代替ルートでの送迎が保証されていないと安心してカープールを利用できない．カープールのサービス提供システムとしては，前日夜などに翌日の出勤の乗り合わせ，通勤ルートを予め案内することを想定している．これは，参加者が出発時刻を確認したり，運転者が運転経路を確認したりするためである．この予め案内するルートを「事前案内ルート」と呼ぶこととする．当日の朝に欠勤などによりカープールに参加できなくなった

参加者がいる場合に，事前案内ルートからの大幅な変更がないルートで通勤することが必要となる．特に，運転者が不参加となったとき影響は大きい．

　そこで，どの運転者が不参加となったとしても，事前案内ルートから大幅な変更が生じないルートが提供できるようにスケジュールすることで，運転者も同乗者への気遣いなく参加の取り消しができるようになる．運転者の急な体調不良での無理な運転を避けるという観点から安全性にも関わる．不参加者がいたときに採用する通勤ルートを「代替ルート」と呼ぶこととする．

　柔軟で安定的な通勤ルートを提供するためには，予め不参加者が生じる可能性を考慮して事前案内ルートを構築すべきであることを，3通りの方法で構築した事前案内ルートと代替ルートで比較しよう（小林ら 2022）．

　　　方法1：不参加者があったらその都度通勤ルートを構築する．つまり，登録者全員が参加した時の事前案内ルートを総移動距離最小化で構築し，不参加者があった場合は，事前案内ルートを考慮せずに代替ルートも総移動距離最小化で構築する．
　　　方法2：方法1と同様に事前案内ルートは作成するが，不参加者があった場合の代替ルートは事前案内ルートと同乗者がなるべく変化しないように構築する．
　　　方法3：事前案内ルートと各運転者が不参加者となった場合の代替ルートを同時に構築することで，すべてのルートの総移動距離最小化と代替ルートの同乗者の変化の最小化を同時に行う．事前案内ルートの総移動距離は最小とはならなくても，どの運転者が不参加となっても代替ルートの変化を小さくできるようにルートを構築する．

　3通りの方法別ルートの比較を確認するために，5.3節で述べた実証実験を行った地域に471地点を決め，そこからランダムに通勤者の乗降地を抽出した人工的なデータを，通勤者数30，40，50，60人で各30ケースずつ生成した．通勤者数の1/4を運転者としている．乗車定員は事前案内ルートでは4名，代替ルートでは5名とし，各運転者の迂回上限距離は15kmとした．

　方法1，2の事前案内ルートに比べて方法3の事前案内ルートは総走行距離が増加する可能性があるが，その増加率は通勤者60人のときに16％となるケースがあったが，おおよそ10％以内に収まっており大きく悪化することはなかった．代替ルートの比較は表7-5に示す．不参加ではない運転者の車に同乗予

表7-5　代替ルートの比較

	方法1	方法2	方法3
同乗できなくなった同乗者数の割合	0.8%	0.4%	0.1%
同乗者が変化しない運転者の割合	31.9%	80.0%	83.5%
移動距離変化比率が200%以上の運転者の割合	1.3%	1.1%	1.0%

出所）筆者作成.

定だった同乗者が代替ルートで同乗できなくなる割合，不参加ではない各運転者で事前案内ルートと代替ルートで同乗者が変化しない運転者割合，事前案内ルートと代替ルートの移動距離の変化比率で評価する．この結果から，方法3が最も代替ルートの変化が少ないことがわかる．しかし，方法3は事前案内ルートと代替ルートを同時に求めることで計算時間が大幅に増加するため，計算時間と経路の質の観点から適切な方法を選択すべきといえる．

　この他，通勤者の乗降場所の出発時間への影響を少なくするなど要請によって代替ルートの構築方法はさまざまであり，利用状況にあった柔軟な代替ルートを設計すべきである．

お わ り に

　スケジューリングは，イノベーションの社会実装を支える重要な要素技術である．つまり，社会システムのなかに革新的な技術を導入したり，革新的な製品やサービスにより新市場を創造したりするイノベーションが実用化・商品化されたときの効果を測ったり，円滑に遂行，浸透させるための効率的な計画を作成する段階にスケジューリングが活用される．本章では，多様な分野のイノベーションにおけるスケジューリングの役割を概観し，その一例として，通勤カープールの実用化にむけてスケジューリング技術を活用した事例を紹介した．マイカーを利用した通勤カープールという社会的イノベーションについて，小規模ではあるが実証実験をおこない，通勤カープールの利用者が直面する課題を明らかにすることにより，交通渋滞やカーボンニュートラルといった社会問題解決につなげる社会実装に貢献する事例である．

　明らかになった課題としては，待ち時間の短縮，運転者へのインセンティブ提供，渋滞を回避しながらも運転しやすい通勤ルート案内，出退勤時間に応じ

た柔軟性，途中の立ち寄りなどが挙げられた．そして，それらの課題のなかから，法規制へ対応しつつ運転者のカープールへの参加のインセンティブを確保，また，急なキャンセルへ柔軟に対応できる安定的なサービス提供について，その解決となるモデルの改善も示した．

通勤カープールの実用化を推進するためには，スケジューリング技術のみでなく，今後は広く社会システムに関わる技術を融合することが必要である．横幹連合がそのつなぎ役となり，通勤渋滞やカーボンニュートラルという社会的問題の解決に寄与することを期待する．

参考文献

Agatz, N., Erera, A., Savelsbergh, M. and Wang, X. (2012), "Optimization for Dynamic Ride-sharing: A Review," *European Journal of Operational Research*, 223 (2), pp. 295-303.

Furuhata, M., Dessouky, M., Ordóñez, F., Brunet, M.-E., Wang, X. and Koenig, S. (2013), "Ridesharing: The State-of-the-art and Future Directions," *Transportation Research Part B: Methodological*, 57, pp. 28-46.

橋上英宜 (2024),「日本の慣習と法規制を考慮した通勤カープールの研究」，筑波大学理工情報生命学術院システム情報工学研究群博士論文.

橋上英宜，Li Yu，繁野麻衣子 (2024),「日本の慣習と法規制を考慮した通勤カープールモデル」，『電子情報通信学会論文誌 A』，107, pp. 19-22.

Hashikami, H. (2023a), "Safe Route Carpooling to Avoid Accident Locations and Small Scale Proof of Concept in Japan," *IEEE Transactions on Systems, Man, and Cybernetics: Systems*, 53 (7), pp. 4239-4250.

Hashikami, H. (2023b), "Challenges of Commuter Carpooling with Adapting to Japanese Customs and Regulations: A Pilot Study," *Transportation Research Interdisciplinary Perspectives*, 27, 100945.

小林慶人朗，橋上英宜，Li Yu，繁野麻衣子 (2022),「欠勤者を考慮した通勤カープールモデルの提案」，スケジューリング・シンポジウム 2022 講演論文集, pp. 108-113.

Li, Y., Ogawa, K., Hashikami, H., Kobayashi, R. and Shigeno, M. (2023), "Comparison of Carpooling Models for Fairness in Detour Time Underequivalent Amount of Cooperation Allowance," *Proceedings of International Symposium on Scheduling 2023*, pp. 54-59.

Mourad, A., Puchinger, J. and Chu, C. (2019), "A Survey of Models and Algorithms for Optimizing Shared Mobility," *Transportation Research Part B: Methodological*, 123, pp. 323-346.

Zafar, F., Khattak, H. A. Aloqaily, M. and Hussain, R. (2022), "Carpooling in Connected and Autonomous Vehicles: Current Solutions and Future Directions," *ACM Computing Surveys*, 54(10), pp. 1-36.

第8章

システム制御情報学におけるイノベーション
――循環型生産システムの生産性イノベーションへの
チャレンジ――

システム制御情報学会　中嶋　良介，仲田　知弘

1　システム制御情報学会とイノベーション

　服やアクセサリといったファッションアイテムから，スマートフォン，家電や自動車といった組立製品まで，人々の暮らしを支えるさまざまな製品は，素材を加工し価値を与えて製品をつくる生産システムで日夜生み出され，我々の暮らしを支えている．しかし，この豊かさと引き換えに，素材やエネルギーといった地球上で有限な天然資源を消費してしまっており，生産システムには資源消費と廃棄物の発生抑制を目指す資源循環が求められている．また同時に，国内や先進諸国のみならずアジア諸国では少子高齢化を迎えており，モノづくりの現場では人材不足となっている．したがって，生産システムには絶え間ない生産性の向上と資源消費と廃棄物の発生抑制を目指す資源循環が同時に求められている．

　循環型生産システム（大場・藤川 2010）とは，製品を生み出す動脈であるフォワード型の生産フローと，製品の再利用のリユース（Reuse）や再生利用のリサイクル（Recycle）を行う静脈であるリバース型の再生フローの両者を持つものである．衣服やアクセサリ，シューズ，バッグから，スマートフォン，家電や自動車といった組立製品まで，家庭に眠る潜在的な5兆円以上のお宝（日経新聞2018年4月14日）があるとされる．そのため，使用済み製品を回収し，再生販売をビジネスとする循環型生産システムは，世界的な環境問題に対応する手段の1つとして期待されている．

　また，循環型生産システムでは使用済み製品を入荷（回収）し，検査作業や査定作業，洗浄作業，手直し作業などといった工程を経た上で，再生済み製品として出荷するため，従来の製造業の生産システムとは大きく異なる点がある．そのため，工程管理という観点では，出荷（需要）から逆算して入荷（供給）す

る量やタイミングを決定するような生産計画を立てることが難しいという特徴
がある．さらに，作業管理という観点では，使用済みの製品の種類や量がさま
ざまであり，かつ製品ごとに使用の程度などの状態が異なるので，作業自体が
難しいという特徴もある．このように，従来の製造業の生産システム用いられ
る工程管理や作業管理の方法論を適用することが難しい場面も多く，従来の科
学的管理法とは異なる工程分析や作業支援が必要となると考えられる．

　一方，近年では Google 社が開発した TensorFlow などのように機械学習の
ライブラリが充実し，それを学ぶための教材も多く出版されている．さらには，
大学などの研究機関が個人や技術者向けに機械学習を学ぶためのコンテンツや
講座を公開している例もある．また，スマートフォンやスマートグラスといっ
たスマートデバイスも広く普及しつつあり，従来では計測が難しいデータなど
を誰もが活用しうる可能性もある．すなわち，これまでは分析することやそも
そも計測することが困難だったものが，ソフトウエアの面でも，ハードウエア
の面も充実しはじめており，生産システムの科学的管理への適用可能性を検討
できるのは一部の専門家だけではない状況になりつつある．

　システム制御情報学会においても，システム工学と制御工学をベースとして
それに関する計測・センシング技術や情報処理，情報ネットワーク，知能シス
テム・進化システムなどの理論と応用を広い分野でカバーし，産学官の研究者
と技術者がノウハウを集結して学術的な貢献と産業界へのイノベーションを目
指している．なお，同学会では学会誌『システム/制御/情報』（ISSN 2424-1806
(Online)，ISSN 0916-1600（Print））を刊行しており，サービス（内藤 2009），医
療・看護（山田 2019），交通（中村 2017），建設（木下・山本 2021）などのさまざ
まな分野のイノベーションについて活発な議論がなされている．

　そこで本章では，従来の製造業の生産システムのみならず，機械学習・ス
マートデバイスを活用した循環型生産システムの生産性イノベーションへの
チャレンジについて概説する．はじめに，第2節で循環型生産システムの概要
について解説するとともに，第3節で機械学習・スマートデバイスの基礎的な
概念と活用可能性について解説する．さらに，機械学習・スマートデバイスを
活用した研究事例として，第4節ではリバース型倉庫を対象とした生産管理の
事例，第5節では検査作業の作業支援の事例，第6節では組立作業の作業支援
の事例についてそれぞれ紹介する．なお，本章に関する参考文献についてはオ
リジナル原稿（中嶋・仲田ら 2020）も含めて参照されたい．

2　循環型生産システムのモノの流れと変化のプロセス

　図 8-1 に，循環型生産システムのフォワード型・リバース型フローと変化のプロセスを示す．図上部にあるフォワード型フローとは，従来から存在する製品の生産を行うモノの流れである．はじめに，サプライヤーへの調達活動によって入手された素材や部品といった生産対象が，生産手段を用いることにより変化のプロセスでの処理を受けて製品へ変換され，最後にその製品が販売活動により顧客へと届けられる．変化のプロセスでは一般に，生産対象の形状や性質に変化を与える加工，位置に変化を与える運搬，量あるいは品質特性を測って差異や良・不良を判定する検査と，貯えあるいは滞っている状態を指す停滞に分類される．

　一方で，図下部にあるリバース型フローとは，フォワード型とは逆向きのモノの流れを意味し，顧客からの回収活動により調達した使用済み製品に，リユースやリサイクルといった再生処理を，変化のプロセスを通じて与えることで，製品あるいは素材としての価値を再生し，販売活動へと結びつけるフローである．リバース型の特徴は，回収される使用済み製品の一品一品の価値は，検査（査定）を経るまで事前にわからないことである．これは，品種や品目，製造年，ユーザの使用履歴，流行などによって，使用済み製品は価値が変わるためである．2 つ目の特徴は，この査定結果によって，品物ごとに必要な再生工程が異なるため，必要工程に送る仕分け処理が存在することである．なお，本章で解説する対象と範囲は図 8-1 の吹き出しで記述した通りである．

3　機械学習・スマートデバイスの活用可能性

　スマートフォンやスマートグラス等のスマートデバイスはさまざまな定義があるが，情報処理端末に通信機能等を備えたコンピュータで，人間が身に付けることが可能な装置である．近年，スマートデバイスの発達に伴い，これまで観測が難しかった人間の動作や眼球運動等を測定することが可能となり，大量のデータを取得できる環境になりつつある．一方，企業や生産現場でも，バーコードやタイムスタンプ等を用いて，1 つ 1 つの商品の生産過程や取扱い状況を大量のデータとして取得している状況である．しかし，企業や生産現場では，

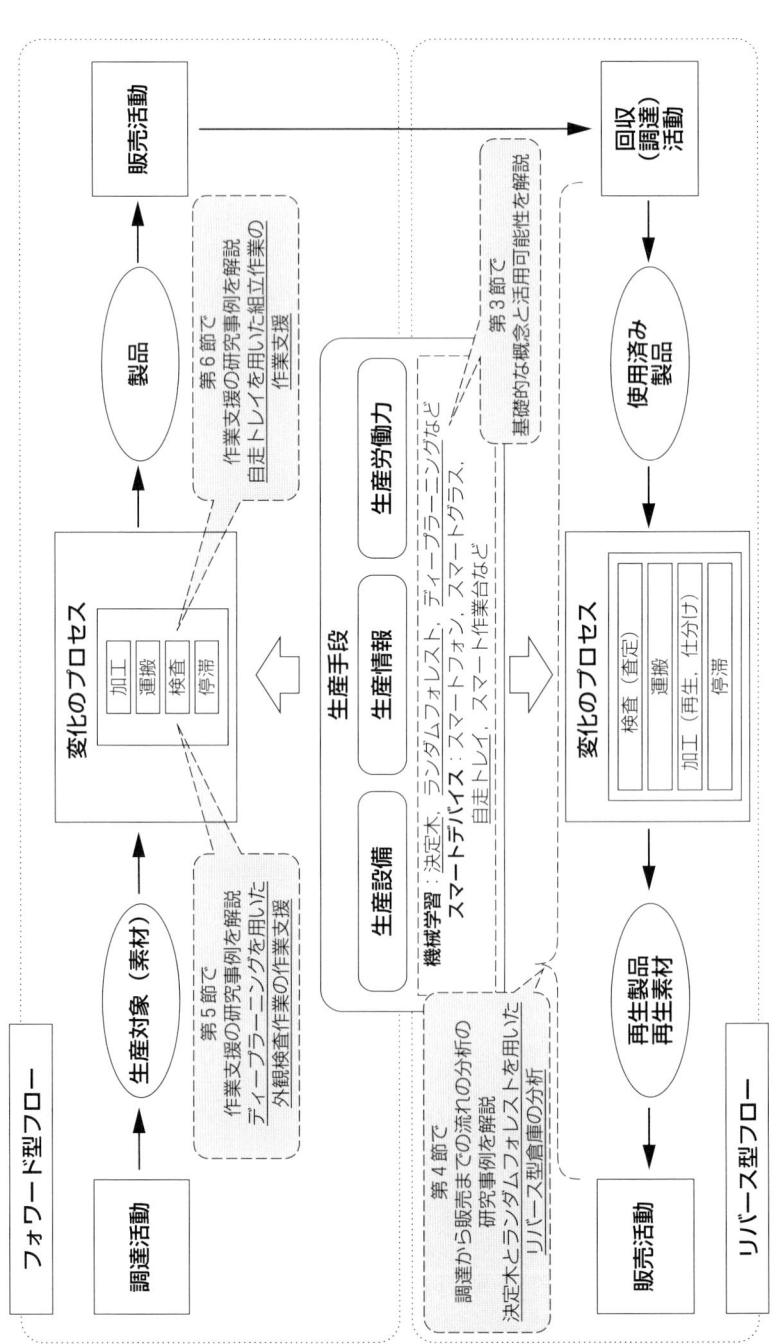

図8-1　循環型生産システムのフォワード型・リバース型フローと変化のプロセス

出所：中嶋良介，仲田知弘，杉正夫，山田哲男（2020）．「機械学習・スマートデバイスを活用した循環型生産システムの生産性イノベーションへのチャレンジ」『システム／制御／情報』．64(10)，p. 381，第1図を筆者一部加筆・修正．

大量のデータの取得の目的が必ずしも明確でなかったり，活用方法が不明瞭であったり，現状で十分に活かされていないこともある．

　大量のデータに基づく分析や予測は，統計分析や機械学習等があり，それぞれの特徴を理解した上で実施することが望ましい．しかし，近年は，機械学習を利用できるソフトウエアがさまざまあり，実際にデータ分析をしながら，分析手法のアルゴリズムを理解することも可能である．すなわち，スマートデバイスと機械学習の双方の利用は，短時間に大量のデータを分析や予測を可能とし，企業経営や生産現場で役立てられる可能性がある．

　本章では，まず，機械学習について概説する．機械学習（Machine Learning）とは，人工知能（Artificial Intelligence）の1つの分野であり，大量のデータから機械（アルゴリズム）を使ってデータの関係性や特徴等を学習し，新たな知識や規則を抽出する技術である．そして，機械学習のアルゴリズムは，図8-2のように教師あり学習（Supervised Learning），教師なし学習（Unsupervised Learning），強化学習（Reinforcement Learning）の3つに分けられ，大量のデータに基づいて分類や判別，予測等に用いられた応用例がある．

　さらに，本章では後述する研究事例で取り扱うランダムフォレストとディープラーニングについても概説する．ランダムフォレスト（Random Forests）とは，2001年に Leo Breiman によって提案され，複数の決定木を用いるアンサンブル学習である．決定木とは，大量のデータを木構造で条件が合う（条件がそれ以上），または条件が合わない（条件が未満）等のように2分割しながら分類する方法である．なお，アンサンブル学習は，1つの決定木の予測能力や分類能力が高くなくても，複数の決定木を用いる事で予測や分類の精度を高める手法である．

　ディープラーニング（Deep Learning）とは，2006年に Geffrey E.Hinton らに

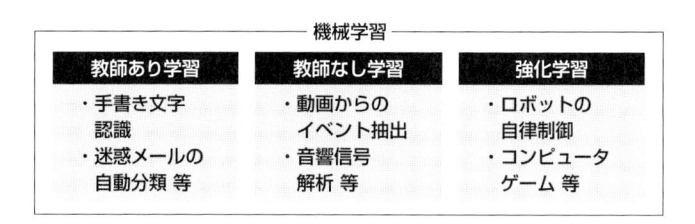

図8-2　機械学習の分類と応用例

出所）中嶋良介，仲田知弘，杉正夫，山田哲男（2020），前掲稿，p.382，第2図を筆者一部修正．

よって提案され，ニューラルネットワークを発展させた機械学習である．
ニューラルネットワークとは，入力層，中間層，出力層をネットワークで結び，
データが各層を移動する際に重みづけをしながら分類する方法である．ディー
プラーニングは，この3層をさらに多層化するとともに閾値等の変更などによ
り，ニューラルネットワーク以上の性能を示した手法である．

　現在，機械学習は，企業経営や生産現場だけではなく，自動運転システムへ
の応用等でも検討されている．自動運転システムへの応用は，人々の生命に関
わることから完全な予測や分類が求められる．一方，生産現場では，人手で対
応している場所も多く，少しでも人間の労力を減らす観点で見れば，機械学習
導入前よりも効率が上がるならば，導入検討の余地があるのではないだろうか．

　本章では，次節から機械学習とスマートデバイスを循環型生産システムに適
用した研究事例を紹介する．

4　機械学習によるリバース型倉庫を対象とした生産管理の研究事例
——決定木とランダムフォレストを用いたリバース型倉庫の分析——

（1）リバース型倉庫の課題

　衣類やバッグといった使用済み製品を，ウェブ入力した個人ユーザから宅配
便の袋で回収する EC リユースビジネスモデルは，店舗型の同様な再生販売と
異なり，ユーザが煩雑な手続き不要で店舗に行かずに済む．筆者らは，協力企
業との現地調査を通じて，こうしたリユース福袋 EC ビジネスモデルの3つの
課題とビジネスプロセスを，図8-3のように抽出した．分析対象となったリ
バース型倉庫では，主に査定，仕分けと発送の工程が存在した．

　はじめに，ユーザは所有している使用済製品の買取についてインターネット
から査定の申し込みし，商品を宅配便でリバース型倉庫へ送る．倉庫に届いた
商品は査定を行うことで買取金額が判明し，ユーザに伝えて買取の是非を問い
合わせる．買取が成立しなかった商品は顧客に返送し，成立した商品は後工程
へ引き渡される．

　この倉庫の管理指標には，コストのみならず，処理の指示が出てから完了す
るまでの時間であるリードタイムが用いられていた．これは，使用済み品を送
るユーザの顧客満足を高めるために，査定結果の通知や商品の返送などといっ

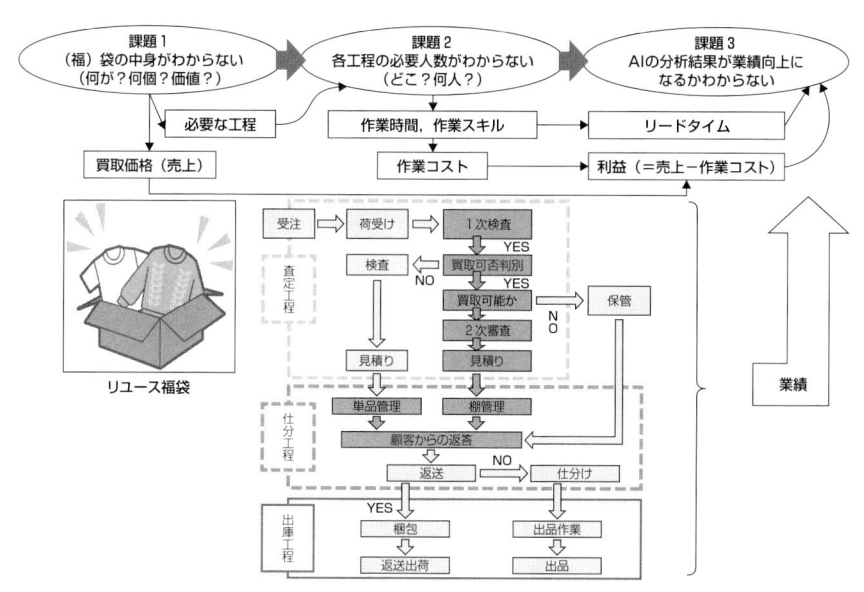

図 8 - 3　リユース福袋 EC ビジネスモデルの課題とビジネスプロセス

出所）中嶋良介，仲田知弘，杉正夫，山田哲男（2020），前掲稿，p. 382, 第 3 図.

たユーザへの応答までの時間短縮が求められていたからである．倉庫全体の
リードタイムは，各工程のリードタイムの和であるため，工程ごとの分析が重
要である．

　分析に際して，顧客から宅配便で回収される使用済み品の入った袋（または
箱）を，「リユース福袋」と我々は呼ぶことにした．この理由は，EC 再生販売
では新品販売と異なり，使用済み品かつ個人ユーザからの回収ゆえに，宅配便
で到着するリユース品には，袋（あるいは箱）に何が入っているかを示す納品書
が存在しない．そのため，何の品物が，何個，どの様な価値で入っているか，
リバース型倉庫で実際に袋を開け，査定や仕分けの処理を施すまでは，事前に
わからないことがある．さらに，使用済み品一品一品の価値は，ユーザの使用
状態や売れ行き（流行，季節）で大きく異なるものが含まれ，結果として品物の
価値が高いか否か，すなわちお宝かどうかは事前にわからないという特徴が
あった．これが，課題 1 である．

　次に課題 2 として，リバース型倉庫の生産管理ではどこに，何人を配置すれ
ばよいか，各工程に必要な人数が事前にわからなくなっていることが挙げられ

る．これは，課題1で言及した回収する袋に何の品物が，何個，どの様な価値で入っているかが事前にわからない結果もたらされるものである．

　ここまで，リユース福袋ECビジネスモデルの課題を2つ挙げたが，ECならではの特長も有していた．それは，ビッグデータで多種多量なデータが収集・保管されていることである．例えば，顧客情報，査定工程で価値や数量が判明した商品情報，投入した作業者数や作業時間といった生産情報，さらには得られたリードタイムやコストとった経営情報などである．そこで，何の要因が効いているかわからないビッグデータを，コンピュータが関連付けして知識を獲得する機械学習を適用することで，リバース型倉庫の生産管理上の課題1・2を乗り越えることを考えた．

　最後の課題3は，機械学習の分析結果が，企業の業績向上につながるかわからないことである．

　以上の課題の整理のもと，次の第4節（2）では機械学習を利用したリバース型倉庫分析の実際を述べる．具体的には，課題1に対する商品分類予測器の開発と，課題2に対するリードタイム予測器の開発について述べる．最後の（3）では，課題3の機械学習の分析結果と企業業績向上との関係について言及し，これまでのまとめと今後の展望を述べる．

（2）機械学習を活用したによるリバース型倉庫分析の実際

　本事例研究では，あるリバース型倉庫の現場データに，機械学習を用いた分析を行った（酒井ら 2021）（図8-4）．

　最初に，分析課題を検討した後，それに合わせた現場のデータを取得する．次に，分析手法で必要とされるデータ形式に合わせる前処理を行って，分析のデータセットを作成する．さらに，決定木やランダムフォレストといった分析手法を機械学習ライブラリ（Pythonライブラリ scikit-learn）を用いることにより適用し，作成したモデルを各指標によって評価する．最後に，得られた結果を現場スタッフに提示し，フィードバックを頂くことで新たな分析課題を顕在化させ，また次の分析に進むことを繰り返した．

分析①決定木による商品分類予測器の開発（酒井ら 2021）

　図8-4に，分析①決定木による商品分類予測器と分析②ランダムフォレストによるリードタイム予測器の開発例を示す．はじめに，機械学習の適用可

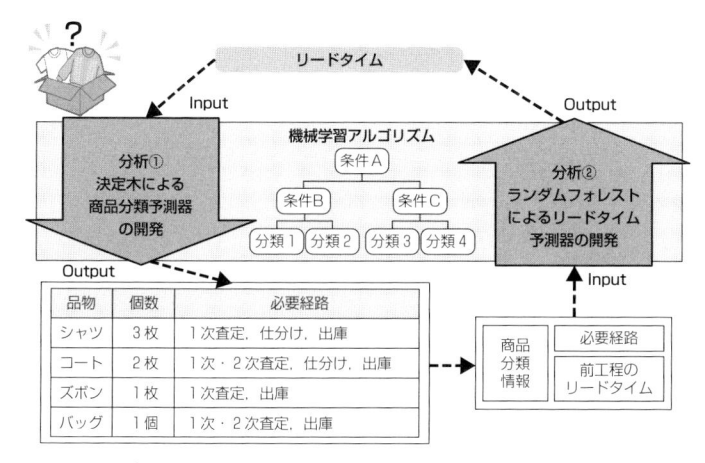

**図 8-4　決定木による商品分類予測器とランダムフォレストによ
るリードタイム予測器の開発例**

出所）中嶋良介, 仲田知弘, 杉正夫, 山田哲男（2020）, 前掲稿, p. 383, 第 4 図.

能性を探るための分析 ① として, リードタイムを入力に決定木を用いた商品
分類予測器の開発を行う. 具体的には, 入力の特徴量をある 3 つの工程のリー
ドタイムとし, 出力として商品分類を予測する決定木モデルを作成する. なお,
各工程のリードタイムは, 倉庫で収集されていた各工程の開始時刻データから
加工して求めた.

　その結果, 商品分類予測のモデルの精度として, 適合率と再現率ともに約 7
割, 両者の調和平均をとった F 値は約0.7が得られた. この分析 ① により, 対
象倉庫の実際のデータを使った機械学習モデルを作れることがわかり, 予測や
分類への適用可能性を示せた. 現場のフィードバックからは, 商品分類といっ
た袋の中身の情報から, リードタイムが事前に予測できれば, 生産計画に有用
であることがわかった.

分析 ② ランダムフォレストによるリードタイム予測器の開発（酒井ら 2021）
　分析 ② では商品分類などを入力に, ランダムフォレストを用いたリードタ
イム予測器を開発する. 具体的には, 袋の中身の情報である商品分類, 品物ご
とに必要な工程の経路情報と, ある連続する 2 つの前工程のリードタイムを入
力として, 後工程のリードタイムを出力するランダムフォレスト回帰を用いた
リードタイム推定モデルを作成する.

　その結果，この分析 ② で作成した全パラメータ使用モデルの決定係数とし
て，約0.5が得られた．したがって，ある工程のリードタイムを現在の特徴量
では説明しきれないことがわかった．しかし，平均値の結果と比較すると，決
定係数の改善されているもののあることがわかった．さらに，特徴量の重要度
の内訳からは，その 8 割がある工程を通る経路であることがわかった．そのた
め，商品によって異なる経路の差が，リードタイムに与える影響の大きいこと
が示唆された．また，商品分類は重要度が低く，商品分類とある工程のリード
タイムの間に関連のないことがわかった．

（3）機械学習を活用したによるリバース型倉庫の工程分析のまとめと　今後の展望

　分析 ① と ② から，商品分類の予測に工程のリードタイムはある程度有効
だったのに対し，後工程リードタイムの予測に商品分類は有効でないことがわ
かった．この理由は，分析 ① と ② では対象にした工程が異なることと，商品
分類ごとに必要な工程が異なることから，商品分類に影響を受ける工程とそう
でない工程が存在するためだと考えられた．

　以上の分析を通じて，精度は機械学習の事例としては決して高いものでな
かった．しかし，従来現場で使っていた予測の精度は高くなく，機械学習の予
測結果の方が良かった．そのため，企業業績向上を目指すための現場の管理指
標の生産性向上に，機械学習が有用であるケースのあることがわかった．

　今後の展望として，1 つ目はより高い精度を目指し，作業人員数などの生産
能力も入力としたリードタイム予測器の開発である．もう 1 つは，機械学習に
よる分析をプロジェクトとして見た場合，その結果の不確実性から計画通り進
めることが難しかった．そのため，現場スタッフと何度もコミュニケーション
を取ることで，試行錯誤を繰り返すことが必要になるため，機械学習のプロ
ジェクトマネジメント法の開発が挙げられる．

5　機械学習による検査作業を対象とした作業支援の研究事例
──ディープラーニングを用いたスマート検査システム──

（1）検査作業の現状と問題点
生産現場では，製品の状態を確認するために人間（検査作業者）の視覚による

検査が行われている．従来の製造業の生産システムにおいては，生産工程間での中間製品に対して行われる中間検査や完成品に対して行われる最終検査があり，多くの工数が必要となっている．また，循環型生産システムのリバース型フローにおいても，使用済み製品の状態を検査し，受入可能か否かを確認している（図8-1）．この検査は，機械・設備に全てを任せられるほどに検査精度や検査効率を高くすることが技術的に難しいこと，イニシャルコスト・ランニングコストの面で採算が合わないこと，もしくは採算が合うかどうか分からずに導入に踏み切れないことから，機械の活用が進んでいないことが報告されている．

　上記の社会的・学術的背景のもと，著者らは検査工程で人間の作業を支援し，作業負荷を低減できるようなスマート検査システムの確立を目指して，機械学習のひとつであるディープラーニングを用いた作業支援システムの開発とその活用方法についての検討を進めている（中嶋ら 2023）．本項では，検査作業者への作業支援システムの考え方と活用方法について紹介する．

（2）検査作業の作業支援の考え方

　検査作業は，探索プロセス（Search Process）と判別プロセス（Decision Process）の2つで構成されている．探索プロセスでは，製品のあらゆる箇所に発生しうる汚れや傷などの欠点を検出することが求められ，検査対象面の全面を網羅的に探索する必要がある．一方で，判別プロセスでは，探索プロセスで検出した箇所に対して，顧客の要求品質と照らし合わせて良品か不良品かを判別することや，必要に応じ異常個所の切除や洗浄などをして良品に手直しすることが求められる．一般的な検査システムでは，これらの両者のプロセスを同時に自動化することが試みられるが，著者らの作業支援システムでは前者の探索プロセスの一部の自動化を対象として，それ以外は人間が行うことを目指している．その理由として，光の当て方によっても異なる微妙な色の違いを判別することや，手直しで対応可能か否かの判定を自動化することは難しく，現時点では最終的な判別は人間が行うことが実用化には必要であると考えているからである．

　また，一般的な検査システムでは，検査において発生しうる第一種過誤（良品を不良品とする過誤）と第二種過誤（不良品を良品とする過誤）の両方を減らすことが試みられるが，それらを両立するような閾値を決めることが難しいことも

報告されている．そこで著者らの作業支援システムでは，第二種過誤のみを発生させない（第一種過誤はある程度許容する）ことを目指すことが実用化に必要だと考えている．

　さらに，実際の生産現場で検査の自動化の導入を検討するためには，安価でさまざまな現場で使えるような汎用性も必要である．また，実際の生産現場には，必ずしもシステム開発や運用に精通していない作業者も多く，システム要件や生産品の特徴点の定義，上述した閾値の設定などが自動化の推進の弊害の一部であることが報告されている．そこで，一般的な汎用カメラで生産品の画像を撮影し，PC に取り込んだ画像をディープラーニングの技術を用いて解析することを考えた．その上で，その解析結果を人間が認識可能な状態に可視化できれば，容易に生産現場で導入を検討できると考えた．すなわち，検査作業を探索プロセスと判別プロセスに大別し，それぞれについて段階的に自動化を推進することが理論と実践（学術と産業）の融合のために大切であり，インダストリアル・エンジニアリング（Industrial Engineering）分野の研究課題として取り組むことが重要であると考えている．なお，欠点候補の可視化に関してはGrad-CAM の技術を用いた．

（3）検査作業の作業支援の現状と今後の展望

　上記の考え方を踏まえて，著者らが開発した作業支援システムの全体像を図8-5 に示す．なお，図8-5 では左から右へと製品が流れている生産ラインを想定したものである．N 番目の製品がその時点で人間が検査している製品，N-1 番目の製品が N 番目の次に検査する製品といったように，生産ラインにおいて製品を検査する順番を示している．図8-5 に示すように，N 番目の製品の画像を事前に撮影し，この画像を学習モデルに通して検査品のどの部分が異常状態であるのか，もしくは良品であるかを検査現場のモニターに表示するものとなっている．この作業支援システムを実際の製品をモデル化した画像を用いて，研究室内で有効性を確認したところ，検査精度と検査効率の両面で有効となる可能性を示した（Nakakura et al. 2022：中嶋ら 2023）．

　今後の展望としては，多くの製品で第一種過誤（良品を不良品と判別する過誤）や第二種過誤（不良品を良品と判別する過誤）を低減するための方法論の検討を進めることが必要であると考えている．具体的には，少ない製品画像のみで判別精度を向上させるためのアルゴリズムの検討，スペクトルの異なるカメラ（レ

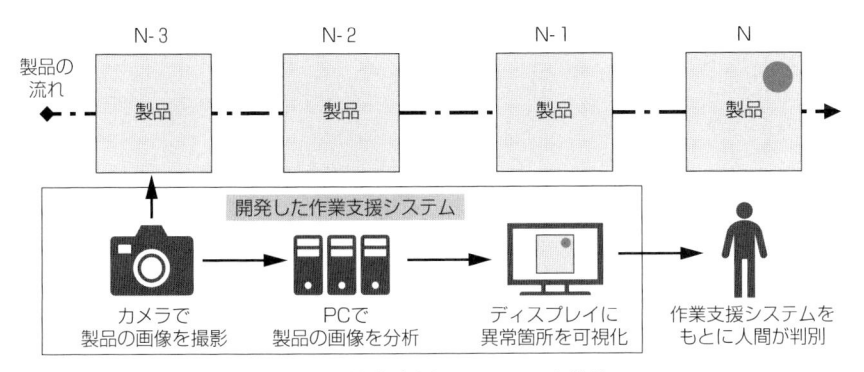

図8-5 作業支援システムの全体像

出所）中嶋良介，仲田知弘，杉正夫，山田哲男（2020），前掲稿，p. 384，第5図.

ンズ）で撮影した製品画像を用いた検討，良品の情報のみを用いた教師なし学習の可能性の検討，効果的な検査者への情報提示・インタラクションの検討など，作業支援システムの実用化と普及に向けて今後も継続的に研究を進める予定である.

6 スマートデバイスを活用した組立作業者への部品供給支援
——自走トレイを用いた組立作業の作業支援——

（1）組立作業の現状と問題点

製造業の生産形態は，一品大量生産から多品種少量生産へと移行している. これに伴い製造方式も，自動機械を多用した流れ作業のライン生産方式から，人間作業者が複数の工程を担当するセル生産方式，特に各作業者が製品を最初から最後まで組み立てる屋台生産方式に移行しつつある.

セル生産や屋台生産では，個々の作業者が複数工程を受け持つため，作業者に高い能力が求められる. 一方で日本の労働人口はすでに減少に転じ，労働者の「製造業離れ」も顕著である. このため，セル生産や屋台生産の前提となっていた「能力の高い人間作業者が多数存在すること」自体が，将来的には成り立たなくなると予想される.

（2）組立作業の作業支援と今後の展望

このような先行きに対しては，人間中心のセル生産や屋台生産において，人

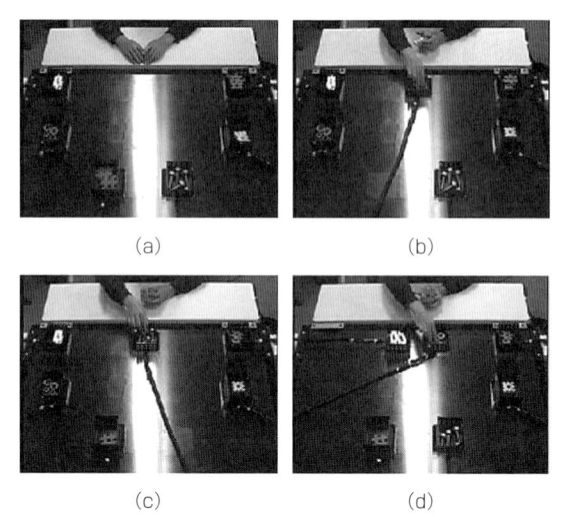

(a)　　　　　　　　　　　(b)

(c)　　　　　　　　　　　(d)

図8-6　自走トレイによる部品供給支援

出所）中嶋良介, 仲田知弘, 杉正夫, 山田哲男 (2020), 前掲稿, p. 385, 第6図.

間の苦手な部分を支援するシステムが有効だと筆者らは考えている．例えば重量物の扱いにおけるパワーアシストなどの研究が存在する．

　筆者らは，屋台生産において，組立に必要な部品を工程進捗に合わせて作業者に供給する物理的支援を行う自走トレイシステムを提案している．高速で可搬重量の大きいSawyer型の平面モータを駆動機構に採用した自走トレイを実際に試作している（図8-6）．

　試作した自走トレイを用いた物理的作業支援と，部品供給支援のない通常の屋台生産とを比較評価するために被験者実験を行った．テストベッドに採用したのは，多数の穴の開いた木製の板に，金属製のピンを嵌めていくという組立作業である（図8-7）．金属ピンは直径が3.0mmから5.0mmまで0.5mm刻みに5種類あり，木製板の穴も対応するピンに合わせて内径が異なる．作業の難易度と作業効率の関係を調べるため，組立作業と逆手順の分解作業（板から金属ピンを一本ずつ取り外して種類ごとに分けた部品箱に戻す作業）もテストベッドとした．また作業の肉体的負荷の大小と作業効率の関係も調べるため，被験者の両手首に重さ0.5kgの錘を取り付けた場合についても，同様に組立と分解を行った．作業時間を測定し，分散分析により以下の3つのことを示した．

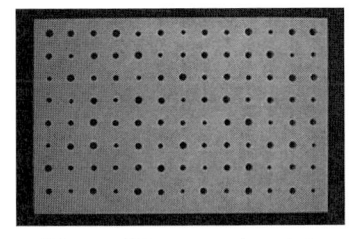
200mm ×300mm wooden plate

5 kinds of metal pins
(Diameter: 3.0, 3.5, 4.0, 4.5 and 5.0mm)

図8-7　被験者実験に使用したテストベッド

出所）中嶋良介，仲田知弘，杉正夫，山田哲男（2020），前掲稿，p. 385，第7図.

① 自走トレイによる部品供給支援によって作業時間が有意に短縮される．
② 作業の難易度が高いほど，部品供給による作業時間短縮度合いは大きくなる．
③ 作業の肉体的負荷が大きいほど，部品供給による作業時間短縮度合いは大きくなる．

このような部品供給支援は，循環型生産システムに不可欠なリサイクル目的の分解や修理，新製品の試作，あるいは組立以外のオフィスでのデスクワークなどの作業の支援にも有効だと考えられる．ただし組立作業の手順が一意に決まっているのに対して，分解・修理・試作のような作業では，大まかな手順は決まるものの，細かな作業手順が厳密にすべて決まっているわけではない．従って循環型生産システムで分解や修理や試作の支援をするシステムは，作業中のユーザの意図を推定し，次のユーザの行動を予測して支援することが必要となる．筆者らは直観性や迅速性を重視してできるだけ単純な入力インタフェースとしてリーチング動作を採用し，マルチモーダルな情報に基づいてユーザ意図の推定を行うことで，こうした不定形な作業の支援を試みた．具体的には，（ⅰ）ユーザの作業履歴，（ⅱ）ユーザの手先位置の時系列情報，（ⅲ）ユーザの注視点位置の時系列情報という3種の情報に基づき，作業者が次に必要とする物品を推定する確率モデルを，動的ベイジアンネットワークにより構築した．これにより，ユーザが次に必要とする物品を高速かつ高精度に推定し，ユーザのリーチング動作に素早く反応して作業者に物品を手渡す支援を実現することができた．

　人間の苦手な部分を支援する方法としては，本項で述べた部品供給やパワーアシストのような物理面での支援とは別に，情報面での支援も考えられる．情報支援の実例としては，従来の紙ベースの作業マニュアルに代えて電子化した作業マニュアルを工程進捗に合わせて提示する「デジタル屋台」がある．また，さらに理解しやすい情報提示手法として，静止画に代えて動画を利用することなども試みられている．このような物理面の支援と情報面の支援とを組み合わせることにより，高齢作業者や非熟練者でも支障なく作業に参加できる環境を構築することが，今後の循環型生産システムには重要だと筆者らは考えており，今後も継続的に研究を進めている．

お わ り に

　本章では，従来の製造業の生産システムのみならず，循環型生産システムの生産性イノベーションへのチャレンジとして，機械学習・スマートデバイスの基礎的な概念から研究事例に基づく生産システムへの活用可能性を解説した．従来の循環型生産システムでは，不確実な情報をもとに管理者が生産計画を立て，製品の状態によって個別対応が求められる条件下で作業者が生産を続けている．これに対して，本章では機械学習やスマートデバイスを組み合わせて活用することを提案し，不確実な情報でもある程度の精度で生産計画に役立つ情報が取得できること，作業者が困難な仕事をある程度の精度で支援できることを示しており，これがシステム制御情報学会に関連する工学分野の中で産学のノウハウを集結させたイノベーションである．

　日本の生産現場を取り巻く環境は今後も大きく変化することが予想されている．特に，人口の減少で労働者を確保することが難しくなる中で，今後もロボットやAIの活用を進める必要がある．ただし，それらはあくまでも人間中心で活用されるべきであり，人間・機械が協調できるような仕事を設計することも重要となる．本章で述べたように，昨今ではソフトウエアの面でもハードウエアの面でも適用可能性を検討するハードルは下がっており，今後は一部の専門家だけでなく，多くの人々が自身の仕事に対して生産性を向上させるためのチャレンジをしていくことが重要になると考えられる．

謝　辞

　本章はシステム制御情報学会よりご推薦をいただき，著者らが同学会の学会誌に解説として執筆した原稿（中嶋・仲田ら 2020）をリライトしたものである．本章の編集過程においても，上記のオリジナル原稿の共著者である電気通信大学の杉正夫先生と山田哲男先生に多くのご支援とご助言を頂いた．

　また，本章で述べた研究の一部は，JSPS 科研費若手研究（22K14439），基盤研究（C）（24K06266），基盤研究（A）（18H03824）の助成を受けたものであり，一部の研究事例において，実際のフィールドやデータを提供して下さった協力企業のスタッフの皆様に感謝の意を表する．

参考文献

木下拓矢，山本透人（2021），「人と機械を感性でつなぐデータベース駆動型感性フィードバック制御系の設計」，『システム/制御/情報』，65(9)，pp. 381-386.

内藤耕（2009），「サービス・イノベーション：生産性向上に向けた科学的工学的手法」，『システム/制御/情報』，53(9)，pp. 368-373.

中嶋良介，仲田知弘，杉正夫，山田哲男（2020），「機械学習・スマートデバイスを活用した循環型生産システムの生産性イノベーションへのチャレンジ」，『システム/制御/情報』，64(10)，pp. 380-387.

中嶋良介，手水孝亮，中倉悠汰，西野真菜（2023），「外観検査における製品画像を活用した検査方法の有用性に関する事例研究」，『日本設備管理学会誌』，34(4)，pp. 97-104.

中村文彦（2017），「都市交通の役割とこれからの展望」，『システム/制御/情報』，61(12)，pp. 481-486.

Nakakura, Y., Temizu, K., Nishino, M. and Nakajima, R. (2022), "A Case Study on Evaluation of Defect Characteristics for Practical Application of Appearance Inspection Work Support System Utilizing Deep Learning," Proceedings of 18th Global Conference on Sustainable Manufacturing, Paper ID 39 (6 pages).

大場允晶，藤川裕晃編著（2010），『生産マネジメント概論戦略編』，文眞堂.

酒井啓輔，山田哲男，仲田知弘，木下雄貴，中嶋良介，北野祐太（2021），「リバース型フルフィルメントプロセスの機械学習を用いた分析プロジェクトの事例研究――商品分類およびリードタイムの予測と可視化――」，『日本設備管理学会誌』，32(4)，pp. 99-111.

山田憲嗣（2013），「医療・看護分野と工学技術」，『システム/制御/情報』，57(1)，pp. 9-13.

第9章

シミュレーション&ゲーミングにおけるイノベーション
——持続可能な未来の共創に向けて——

日本シミュレーション&ゲーミング学会　鈴木 研悟

1　日本シミュレーション&ゲーミング学会とイノベーション

（1）日本シミュレーション&ゲーミング学会について

シミュレーション & ゲーミング（以下，S&G）は，ゲームを人間の意思決定に基づいて動作するシミュレーションとみなし，学習機会の提供，理論モデルの生成と検証，または課題の緩和・解決に役立てる技法である．日本シミュレーション & ゲーミング学会（Japan Association of Simulation & Gaming，以下，JASAG）は S&G の研究者や実践者が集う学協会であり，査読付き論文と各種記事により構成される学会誌『シミュレーション & ゲーミング』を四半世紀にわたって刊行してきた．また，国際学会 International Simulation and Gaming Association の世界大会招致，英語論文誌 *Simulation & Gaming* の編集長輩出等，国際的な研究コミュニティの活動にも長らく貢献してきた．

JASAG の構成員は，教育学者や授業・研修の実践者といった教育の専門家，心理学者や経済学者といった人間集団の行動を扱う研究者，医療・防災・経営・都市計画・食品・エネルギー・環境保全等の社会課題に取り組む研究者と実務家，人間集団の意思決定のシミュレートや意思決定の支援と自動化を目指す人工知能分野の専門家など，非常に多岐にわたる．構成員に共通するのは，何らかの社会課題に関心を持ち，その課題状況を表現するのにゲームというメディアを用いることである．異分野の専門家がゲームという共通の話題をきっかけに自然と対話を始め協力関係を築けることが，JASAG の大きな特色である．

（2）本章の目的

S&G は，ゲームを用いて複雑な世界を複雑なままモデル化するため，複合的状況の全体像を扱うことを得意とする．ゆえに S&G は，イノベーションそ

のものを扱う技法ではないものの，イノベーションという現象についての総体的な理解を深め，その前進に役立つ知見を導くことができると期待できる．しかしS&Gは，国内ではその存在をほとんど認知されておらず，ゲーム理論や行動科学実験等，ゲームを用いる他の学術分野との違いも知られていない．

　そこで本章は，筆者が専門とするエネルギー・環境分野のS&Gを中心に，S&Gがどのような原理に基づいて社会課題にアプローチするのかという学理と，どのような手続で課題解決に役立つ示唆を導くのか，あるいは参加者の学びを促すのか，というロジックを解説する．本章の狙いは，ゲームをデザインし，プレイし，後から振り返るというS&Gの営みが，イノベーションという現象の理解にどのように貢献できるかを示すことである．なお，冒頭にも挙げた通り，S&Gは環境・エネルギー以外にも多様な分野において活用されていることから，学理やロジックの解説には可能な限り分野に拠らない普遍性を持たせたつもりである．読者の興味・関心に沿うS&Gがこの世のどこかにないかと検索していただけたなら，それだけでも筆者にとって望外の喜びである．

2　イノベーション，持続可能性，シミュレーション＆ゲーミングの接点

（1）複合的現象としてのイノベーション

　S&Gに係る議論に先立ち，本章における「イノベーション」の定義を示す．イノベーションとは，革新的な技術の発明にとどまらず，それらの商業的な成功や社会への影響までをも含む概念である (Edison et al., 2013)．新しい技術が普及するためには，技術そのものが進歩するだけでなく，その普及を妨げる既存の社会体制に綻びが生じる必要がある (Geels and Schot 2007)．2020年以降に起きた遠隔通信の爆発的な普及を振り返ってみよう．遠隔通信の技術自体は2000年代に実用化されていたものの，対面で会議を行う慣習，重要な話題を扱うことへの心理的抵抗，機材トラブルへの不安等が障壁となり，限られた場面でしか採用されなかった．しかし，新型コロナウイルス感染症の流行により，遠隔通信に頼らなければ社会を維持できない状況が生じた．この状況下での試行錯誤が，対面と遠隔を使い分ける知恵，機材トラブルへの対処法，トラブルに寛容な文化等を生み出し，遠隔通信が社会に根づく礎となった．感染症という外圧が既存の社会体制を綻ばせ，その綻びが人間の技術選択を変え，技術選

択の変化が社会体制をさらに変質させたのである．イノベーションはこのように，人間，社会，そして時には地球環境をも巻き込む複合的な現象である．

（2）持続可能な社会に向けたイノベーション

　現代社会を支える複雑な技術システムは，世界中の人々の生活水準を向上させる一方，気候変動や生態系の破壊を始めとする深刻な環境問題を引き起こし，社会の持続可能性を脅かしている．例えば，化石燃料の大量消費が引き起こす気候変動は，自然と人間の双方に広範な悪影響と損失をもたらしている．しかし，再生可能電源や原子力発電のような非化石エネルギー技術が実用化されているにも関わらず，世界のCO_2排出量は増え続けている．その背景には，地球全体の環境保全と個々の国・地域の私益が対立する社会的ジレンマ，現役世代と将来世代との利害対立，従来の社会体制から恩恵を受ける者の抵抗等，気候変動対策を妨げるさまざまな社会的障壁が存在する（Nordhaus 2013）．環境問題を緩和する技術が進歩しても，人間がそれらの技術を積極的に選ぶとは限らないのである．ゆえに，環境問題に対処するためには，なぜ持続可能な社会の構築に貢献できると言われている技術が普及しないのか，言い換えれば，なぜ持続可能な社会に向けたイノベーションが起きないのかを，複眼的な視座に立って検証することが求められる．

（3）持続可能性をテーマとするシミュレーション＆ゲーミング

　持続可能性をテーマとするS&Gは，特に2010年代に入ってから，農業・畜産業・水資源管理・海洋開発・エネルギー供給・気候変動対策等の幅広い部門で急増している（Hallinger et al. 2020）．

　例えばHertzog et al.（2015）は，現実の灌漑計画に潜在する水不足リスクの共有と水不足を避ける戦略の検討のため，同じ河川流域で生計を立てる農家間での灌漑用水をめぐる対立をボードゲームとして表現し，灌漑計画の利害関係者がそのゲームをプレイするセッションを行った．ゲームプレイと振り返りの結果から，開発したゲームが水資源の有限性，自身の選択が他者の生活を脅かす可能性，河川上流と下流との非対称性等についての参加者の気づきを促し，より公正な水配分戦略についての議論を刺激することが示された．

　Koenigstein et al.（2020）は，海洋開発をめぐる諸課題についての集団的学習のため，漁業者・石油開発業者・観光業者等の海洋利用者，市長・環境活動

家・科学者等の非利用者，および海洋環境との複雑な相互作用を表現するボードゲームを開発した．のべ100人以上が参加したセッションを通じて，参加者が海洋保護区の設置や小規模漁業者の保護等，他の利害関係者と共存するための戦略を立てる様子が観察され，ゲームが他者への共感，システム思考，および持続可能な開発のための協力と合意形成を学ぶのに役立つことが示された．

　Teague et al.（2021）は，水資源管理と災害対策に係る意思決定を支援するためのデジタルゲームを開発し，行政担当者や企業等の実務家向けのセッションを行った．参加者は複数人でチームを組み，洪水対策・水害に弱い住民の保護・水資源確保・水質改善・生息地保護・レクレーション創出の6つの政策課題の優先順位を決め，限られた予算内で投資する社会インフラを選ぶ．セッション後の調査から，この取組が，参加者の学習と認識の変化，協働の促進，技術と社会双方のトレードオフについての理解の共有に役立つことが示された．

　こうした取組の急増は，S&G が社会の要請に応える特色を備えているから起きたと言える．そこで次節では，S&G がどのような特色を備えた学術分野であるのかという学理を，持続可能性をテーマとする研究の文脈において解説する．

3　シミュレーション&ゲーミングの学理

（1）経験のデザイン

　ゲームは経験を生み出すメディアである．ゲームデザイナーは，直接的にはルールをデザインすることで，間接的にプレイヤーの経験をデザインする（Salen & Zimmerman 2003）．多くのシミュレーションが客観的に観測される現象を精度よく再現することを目指すのに対し，ゲームは現象の利害関係者の主観的な経験をリアルに表現することに主眼を置く（Crawford 1984）．参加者が利害関係者の心理をリアルに経験するためには，ゲームは現象の単なる写像ではなく比喩としても機能する必要がある（兼田 2005）．例えば将棋は戦争という現象を表現するゲームである．敵の王将を取ると勝つ，騎兵（桂馬）は歩兵より速く動く等のルールは，現実の戦争で客観的に観測される現象を再現する．一方，良さそうな手を思いついたが自信が持てない，相手の妙手で不利になり動転するといった対局者の心理は，指揮官の主観的な経験を表現する．将棋の例が示すように，ゲームは，現象の背後にある観測可能な構造をある程度再現し

つつ，その現象に関わる人々の仮想的な経験を参加者に提供する.

　このゲームというメディアの特色は，自然と社会との動学的な相互作用の理解を目指す Sustainability Science（Kates et al., 2000）と非常に相性が良い. 自然現象が客観的に観測可能であるのに対し，社会現象はしばしば，人間同士の主観的現実の食い違いによって引き起こされる. 特に，自然環境を巡る問題や対立は，ある集団の利益となる選択が別の集団に被害をもたらすという，利害関係集団間の価値のトレードオフによって引き起こされる（Jacobs et al., 2016）. この自然環境を巡る社会的対立をゲームとして表現することで，自然と社会との動学的な相互作用を利害関係者の視点で経験することが可能になる. 持続可能性をテーマとする S&G の急増は，この Sustainability Science のツールとしてのゲームの価値が学術コミュニティに広く知れ渡ったためと推察される.

（2）不確実性

　自動車はブレーキを踏まれたら必ず止まらなければならないし，高層ビルは大地震が起きても倒れてはいけない. 冷凍庫内は設定温度に保たれる必要があるし，同じ宛先の電子メールが日によって違う相手に届くなどという事態はナンセンスである. このように，現代社会を支えるあらゆる人工物は，不確実性を排除するようデザインされている. ただし，ゲームだけは例外である. すべての参加者が毎回同じ選択をし，結果も毎回同じになるゲームを誰がプレイするだろうか. 不確実性こそがゲームの存在意義なのである（Costikyan 2013）.

　不確実性は，将棋や囲碁のような隠れた情報や乱数を持たないゲームにも内在する. 局面が着手に応じて複雑に変化するため，現在の局面における最善手を見つけることはプロ棋士でも難しい. 対戦相手の着手からその意図や戦略を読み取ろうにも，常に正確に読み切れる保証はない. 麻雀やポーカーのような隠れた情報や乱数を持つゲームは，より不確実な状況をプレイヤーに突きつける. ゲームプレイの経験とは，こうした不確実性下での意思決定の経験である.

　現実の環境問題でも，自然・社会システムと利害関係者の双方が，多種多様な不確実性を生み出している. 世界各国の首脳や企業の経営者は，気候変動が破滅的な災厄を引き起こすと確信していても，自身の行動が10年後の地球環境をどの程度改善し，巡り巡って自身が何を得るのかを予測できるわけではない. 自然と社会を含む地球システムは人知を超えて複雑であり，個々の主体はそのごく一部しか理解できない. 国際会議の席では誰もが地球の危機に立ち向かう

ことを宣言するものの，自国への利益誘導や他国の努力へのただ乗り等，利己的な意図を隠し持つ者がいるかもしれない．Sustainability Science におけるゲームの役割は，こうした不確実性下での意思決定を模擬することである．

（3）対　立

ゲームとはプレイヤーが人工的な対立に参加するシステムである (Salen & Zimmerman 2003)．対立とは，言い換えれば目的の達成を妨げる障壁である．プレイヤー同士が勝利を巡って対立することもあれば，デザイナーが用意する困難な状況に手を取り合って立ち向かうこともある．これらの対立の源こそ，ゲームシステムと他者が生み出す不確実性である．ゲームの主題となる対立は，何が自分にとって最善の選択かという不確実性下の葛藤によって生み出される．

環境問題は，公益と私益が相反する社会的な対立と，長期的利益と短期的利益が相反する時間的な対立という，2種類の対立を伴う．気候変動の文脈では，非化石エネルギーへの転換が世界中の将来世代の利益となる一方，個々の企業や家庭の目先の負担は化石燃料を使い続ける方が少ない．すなわち，化石燃料か非化石エネルギーかの選択が，社会的・時間的双方の対立に対応する．これらの対立は，すべての企業や家庭が「いますぐ化石燃料を捨てないと損をする」と確信すれば瞬く間に解消する．しかし現実には，化石燃料価格の下落，技術進展の停滞，市場環境の悪化，公的支援の停滞等，非化石エネルギーへの逆風となる無数の不確実性が存在し，結果として化石燃料がずるずると使われ続けている．こうした環境問題に内在する社会的・時間的な対立構造と，問題当事者が直面する葛藤とを表現するにおいて，不確実性下での意思決定を模擬するというゲームの性質が大いに役立つのである．

（4）振り返り

参加者の経験を学習や課題解決に活かすためには，ゲームプレイを振り返る時間が欠かせない．振り返りの最も重要な役割は，主催者と参加者が環境問題等の複合的現象の全体像を共有し，人間の選択や社会制度をどのように変えてゆくかという将来戦略を話し合うことである．ここでいう複合的現象の全体像とは，ある現象のとらえ方や対処法が人によって異なる状況において，各人の主観的経験を交換することで初めて浮かび上がってくる多元的現実を意味する．

例えば広瀬（2000）は，南北問題と地球環境問題を扱う仮想世界ゲームの実

践を通じて，振り返りが社会課題を巡る価値の多元性を理解するために重要な役割を果たすことを指摘している．このゲームの参加者は，豊かな国と貧しい国の政党・企業・労働者等の役割を与えられ，互いに異なる立場で自身の生存と利益最大化を目指す．ゲーム後，例えば豊かな国の企業と貧しい国の労働者を担当した参加者が互いの経験を語り合うことで，なぜ両者が現実世界で分かり合えないのかを，心理的・感情的な側面も含めて推論できるようになる．

　ゲームがこうした多元的現実の理解に役立つのは，対話・講義・書籍・映像等と異なり，複数の参加者が複数の論点について同時並行的に対話する場を提供するからである．すなわちゲームは，複合的状況の全体像を理解するのに適しており，特に複数の未来像への思索を深めるのに役立つ (Duke 1974)．実際，前節で紹介した既往研究を含め，Sustainability Science における S&G の多くが，持続可能な戦略についての参加者同士の活発な議論を報告している．

　以上のように，振り返りの第一の狙いは，参加者の経験を S&G の実施目的のために活用することである．ただし振り返りには，参加者のネガティブな経験をケアする，ゲームの世界観に対する異議申し立てを受けつける等，S&Gセッションを円満に閉じる役割もあることを付記しておく．

（5）S&G とは何か

　S&G の文脈におけるゲームは，不確実性下における意思決定の経験をデザインし，現実世界の課題に内在する対立構造と当事者が直面する葛藤を表現するメディアである．S&G とは，ゲームの結果と参加者の経験を振り返ることで，複合的課題についての理解を深めつつ解決の糸口を探る営みである．こうした S&G の特色は，自然と社会との動学的な相互作用を理解し利害や価値が異なる関係者間の合意形成を目指す Sustainability Science と非常に相性がよい．

4　シミュレーション＆ゲーミングのロジック

（1）科学的推論

　科学研究に用いられるロジックは，演繹法，帰納法，遡行推論法の3種類に大別される．演繹法は一般的な規則から個々の事象を推論する．工学分野におけるシミュレーションの多くは，既知の自然法則と境界条件から結果を予測す

るものであり，典型的な演繹的推論である．帰納法は，演繹法とは逆に，個々の事象から一般的な規則を導く．理工学や行動科学の実験は，前提条件と結果との対応関係から両者を結ぶ規則を検証するものであり，帰納的推論の典型である．遡行推論法は，観察された結果を出発点とし，その結果が生じる条件を遡って推論する方法である．演繹法，帰納法，および遡行推論法は，それぞれ仮説の利用，仮説の検証，および新たな仮説の発見を目的とする．

　環境問題の解決を志向するS&Gの多くが帰納法または遡行推論法を採用するため，本節はこれらのロジックがS&Gにおいてどのように適用されるかを解説する．さらに，ロジックの観点から見たS&Gの特色を，ゲームを用いる他の研究分野との比較を通じて論証する．

（2）S&Gにおける帰納法と遡行推論法

　帰納法は，S&Gを実験的に用いる研究において採用される．研究者は，現実世界の状況，潜在するリスク，政策等に基づいて，参加者に与える情報，リスクシナリオ，インセンティブ等を変えた複数の条件を設定する．異なる条件でプレイされたゲーム間の結果の違いを分析することで，これらの条件が人間の選択と社会の状態に与える影響を推論する．実験的なS&Gでは，振り返りとは別に，質問票調査等を通じて参加者の主観的現実を観測し，ゲームプレイの結果と合わせて統計的に分析することが多い．

　例えば北梶・大沼（2014）は，「産業廃棄物の不法投棄に対する監視と罰則が不法投棄をかえって増やしてしまう」という仮説を，利害関係者間の取引を模擬するゲームを用いて検証した．不法投棄が野放し，監視あり，監視と罰則ありの3条件において，のべ100人以上の参加者がゲームをプレイした．不法投棄量と質問票への回答の条件間差を調べた結果，監視・罰則が存在すると，参加者同士が協力関係を築くための情報交換をしなくなり，結果として不法投棄量も増えることが示された．この結果は，監視・罰則が利害関係者同士の期待や信頼を損ない，公益のための自発的な協力を妨げる可能性を示唆している．

　帰納的なS&Gが異なる条件でプレイされたゲーム間の結果の違いを検証するのに対し，遡行推論的なS&Gは，同じ条件でプレイされたゲーム間の結果の違いを出発点とし，結果を左右する戦略の違いやその背後にある隠れた前提条件を推論する．隠れた前提条件とは，デザイナーの意図を超えて創発したゲームの特性を意味する．例えば，将棋の戦略は日々進歩しているものの，戦

略の優劣を決める理自体は将棋のルールが定まった時から変わっていない．棋士達は，膨大な対局結果と研究を通じてよりよい戦略を遡行的に推論し，その背後にある将棋の理，すなわち将棋のルールから創発される隠れた前提条件を追い求めていると言える．S&G の専門家は，棋士と同様，ゲームの結果を左右するプレイヤーの戦略の違いや，そうした戦略の幅をもたらすゲームそのものの性質を調べ，ゲームが表現する社会課題への手がかりを探究しているのである．

例えば Ambrosius et al.（2019）は，オランダの養豚農家の投資戦略に焦点を当てたゲームを設計した．参加者は養豚農家となり，自分の農場の破産を回避しつつ業界全体の社会的受容に貢献することを目指す．ゲームは，複数の参加者が議論を通じて業界全体の投資戦略を決めることで進行する．質問票とゲームプレイの映像・音声記録から，多数の投資戦略が採用されたゲームでは，参加者間の議論が活発であり，新しい投資戦略を積極的に提案するオピニオンリーダーが存在したことがわかった．これらの結果に基づき，現実の養豚業界での投資戦略の転換におけるリーダーシップの重要性が指摘された．

（3）帰納法による S&G の例

ここで，S&G における帰納法の適用例として，炭素税が化石燃料から非化石エネルギー技術への転換に与える影響を調べた筆者らの実験研究を紹介する．

CO_2 排出に課税する炭素税は，化石燃料から非化石エネルギーへの転換を目的とする政策の1つであり，日本での導入も決まっている．炭素税の影響評価は多数行われているものの，課税が市場参加者の心を動かし技術選択を変えることができるか，という行動科学的な視点に立った研究は少ない．そこで仲出川・鈴木（2024）は，化石燃料か非化石エネルギーかの選択を公益と私益のジレンマ状況とみなし，炭素税がこのジレンマを解消できるかを実験的に調べた．

実験には筆者らが開発した4人用のブラウザゲームを用いた．参加者はエネルギー需要家となり，化石燃料または非化石エネルギーを購入・消費して便益を得る．彼らの目的はゲーム終了時における自身の便益の最大化である．ゲームは，全参加者が2種類のエネルギー消費量を同時に入力する試行を50回繰り返して終了する．ゲーム開始時，非化石エネルギーは化石燃料よりも高価だが，化石燃料価格は時間経過と共に上昇し，非化石エネルギー価格は全参加者の累積消費量に応じて低下する．そのため，非化石エネルギーを積極的に消費する

参加者が多いほど，エネルギー転換による便益も大きくなる．参加者は，エネルギー価格の変動と他者の選択という2種類の不確実性に直面し，化石燃料か非化石エネルギーかの対立を経験する．

　ゲームは炭素税率を変えた3条件（無税，低税率，高税率）で5回ずつプレイされた．後の2条件では，現実の課税政策を参考に，税率が10ラウンド毎に階段状に上昇する設定とした．課税のタイミングと税率は，参加者に事前に周知された．ゲーム中5ラウンド毎とゲーム終了後，価格変動と他者の選択に対する不安の水準を7段階尺度で質問した．ゲームの結果と質問票への回答の条件間比較を通じて，「炭素税は非化石エネルギーへの転換を促すことができるか」「炭素税はエネルギー転換に対する参加者の不安を緩和できるか」を検証した．なお参加者には，ゲーム終了時の便益に応じた報酬を支払った．

　各条件における（a）代替エネルギーと（b）化石燃料の消費量の時系列変化を図9-1に示す．これらの値は，参加者1人当たり消費量の5ゲーム平均値である．代替エネルギー消費量はどの条件でも増加傾向であった．ただし低税率・高税率条件では，無税条件と比べて，ゲーム中盤（ラウンド15-40）の消費量が少なかった．化石燃料消費量はどの条件でも減少傾向であり，20ラウンド以降は税率が高い条件ほど早く減少した．このように，炭素税が最終的には脱化石燃料を早めるという直感的に理解できる現象と，税率が上昇するゲーム中盤において代替エネルギー消費量が減るという直感に反する現象が観測された．

（a）代替エネルギー消費量　　　　　　　　（b）化石燃料消費量

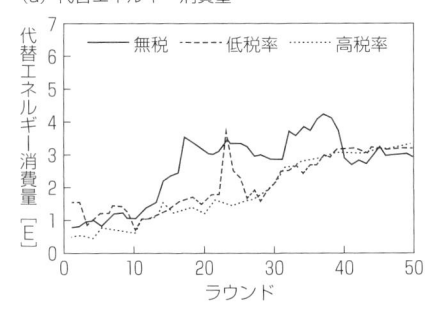 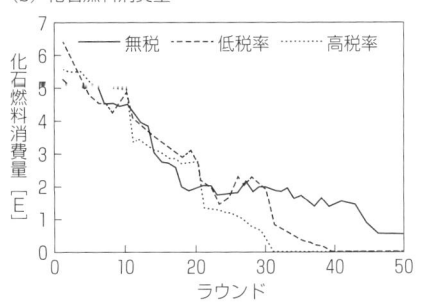

図9-1　各条件の1人あたり（a）代替エネルギー消費量と（b）化石燃料消費量

出所）仲出川裕太・鈴木研悟（2024），「ゲーミング実験によるエネルギー転換への炭素税の影響評価」，『シミュレーション＆ゲーミング』，33(2)，p. 32，図1.

　質問票調査の結果，価格変動と他者の選択に対する参加者の不安水準には条件間差が認められなかったため，炭素税は参加者が感じるエネルギー転換への不安を緩和できなかった可能性が高い．実際，将来の炭素税率がわかっても，エネルギー価格が不確実なことに変わりはなく，エネルギー転換が自身にとって得かはわからないままである．ゆえに炭素税は，税率が十分高くなれば効果を発揮するものの，事前の周知段階ではあまり効果がないことが示唆される．

　ただし，炭素税が不確実性を解消できないだけであれば，3条件のエネルギー消費量はよく似た傾向を示すはずである．しかし実験では，炭素税がある条件の方が，ゲーム中盤の非化石エネルギー消費量が有意に低かった．その理由として，北梶・大沼 (2014) と同様，炭素税が化石燃料に対する罰則と認識され，非化石エネルギーへの自発的な転換を妨げた可能性が考えられる．また，税率が低いゲーム前半では，炭素税が「お金を払えば化石燃料を使ってよい」ルールと解釈され，公益に協力しない免罪符と認識された可能性もある．この新たな仮説は，ゲームと調査票を改良した次の研究で検証される予定である．

（4）ロジックの観点から見た S&G の特色

　ゲームは，S&G に限らず，ゲーム理論，行動科学実験，エージェントベースシミュレーション（ABS）等の分野でも用いられる．いずれの分野でも，ゲームは社会課題を表現するモデルであり，プレイ中に起きるあらゆる現象の前提条件として機能する．実験やシミュレーションの結果として得られるのはゲームプレイの記録であり，人間が参加する場合には彼らの経験も報告される．これらの結果はプレイヤーの戦略に左右される．すなわち，ゲームを用いる研究全般において，科学的推論の前提条件はゲームそのもの，試行結果はゲームプレイと経験の記録，前提条件と結果を結ぶ規則はプレイヤーの戦略である．

　ゲーム理論は，複数の意思決定者が対立または協調する状況の理論的な帰結を推論する学問である．ゲームの結果は，誰かが実際にプレイすることなく，ゲームを表現する数理モデルと解概念から解析的に求められる．解概念とは，戦略的状況においてプレイヤーが従う行動原理であり，ナッシュ均衡のような競争的状況を想定するものと，コアやシャープレイ値のような協調的状況を想定するものに大別される．どの解概念を用いるかは，研究者が解析の目的に応じて決める．

　ゲーム理論の環境問題への応用例として，野生動物の保護を巡る社会的ジレ

ンマを扱った Honjo and Kubo（2020）を挙げる．この研究は，2 人の野生動物観察ツアーの事業者が，ツアーを開催するかどうかを独立に意思決定する状況を想定する．事業者はツアーの開催することで利益を得られるが，両者が同時にツアーを開催すると，野生動物が弱って遭遇率が下がり顧客への返金リスクが高まる．公益のためには両者が交互に開催する方がよいのだが，ナッシュ均衡解は同時開催に向かう傾向にある．では同時開催に罰則を導入すればどうか．解析によれば，自己の絶対的利益を重視する事業者は罰則があると同時開催を避けようとするものの，他者との相対的優位を重視する競争的な事業者は罰則を無視して同時開催を辞さないことがわかった．このように，ゲーム理論は，推論の前提条件となるゲームとプレイヤーの行動原理である解概念を現実の課題に即して設定することで，課題状況の理論的な帰結を演繹的に推論する．

　行動科学，とりわけ社会心理学分野では，環境問題は社会的ジレンマの一種と位置付けられ，ジレンマ状況における人間の心理と行動を調べるための，ゲームを用いる実験が多数行われてきた．これらの研究は，ジレンマ状況下で人間の心理を左右する要因についての仮説を立て，それらの要因を操作した複数の実験条件を用意する．ゲームの結果が条件間で有意に異なれば，それらの要因が人間の心理と行動を左右した可能性が高いと言える．このように，社会心理学実験は，前提条件の違いがゲームの結果に与える影響を検証することで，前提条件がプレイヤーの戦略を左右したかどうかを帰納的に推論する．

　帰納的推論を採用する S&G は，形式上は社会心理学の実験とよく似ている．ただし，社会心理学が主として人間の行動原理を探究するのに対し，S&G は，人間の行動がシステムの状態を変えその状態変化がさらに人間の行動をさらに変えるという，総体的なダイナミクスの解明に力点を置く．また，社会心理学が囚人のジレンマや公共財ゲームのような比較的単純かつ抽象度の高いゲームを好むのに対し，S&G は，より複雑なゲームを用いて現実の課題状況を具体的に表現する．ゲームが複雑であるほど実験条件の統制が難しくなり，検証結果から導かれる示唆も弱くなる．一方で，現実の社会課題により近い複合的状況を表現できるため，参加者が課題状況をよりリアルに想像でき，デザイナーの想定を超えた現象も創発しやすくなる．帰納的推論を採用する場合でも，S&G はどこかで，事前に想定しなかった新しい仮説の発見を志向しているのである．

　ABS は，計算機上の仮想世界に置かれたエージェントが何らかの規則に

則って意思決定を繰り返すことで進むシミュレーションであり，エージェントによるゲームプレイとみなすことができる．人間の代わりにエージェントを用いることで，規範意識・信頼・共感等の人間ならではの心理特性を扱いづらくなる一方，より複雑で長い時間を必要とするゲームを低費用で多数実施できる．ABS は S&G と同様，複雑で複合的な課題解決の糸口を探る手法として注目されており，エネルギーシステム分野に限っても，非化石エネルギーへの転換，モビリティ転換，マイクログリッド等の研究に活用されている．エージェントの行動原理は，単純な自己利益の最大化の場合もあれば，例えば多数派への追従のような，心理的要因に端を発する人間の行動を模擬的に組み込む場合もある．多くの ABS は，これらの行動原理を事前に設定し，ゲーム理論と同様の演繹的推論を行う．

　ただし，行動原理が事前に与えられず，エージェント自身が試行錯誤を通じて行動原理を自立的に学習する場合もある．こうした AI を活用する ABS は，エージェントが学習した戦略の分析を通じて，そのような戦略が学習された背景にある隠れた前提条件を遡行的に推論していると言える．

　図 9-2 は，ゲームを用いる研究分野をロジックの観点から整理した概念図である．S&G は，潜在的なリスクや政策等の要因が課題状況に与える影響を検証する場合には帰納的推論を採用し，そもそもどのような要因が課題状況を左右するのか当たりを付けたい場合には遡行的推論を採用する．ただし，帰納

図 9-2　ゲームを用いる研究分野における演繹的，帰納的，遡行的推論の概念図

出所) Suzuki, K. (2022), "The Unique Value of Gaming Simulation as a Research Method for Sustainability-Related Issues" In: Kaneda T., Hamada R., Kumazawa, T. (ed) *Simulation and Gaming for Social Design* (*Translational Systems Sciences vol. 25*) (book chapter). Springer, pp. 125-147. Fig. 7.1. (Springer 社の許可を得て改訂・翻訳)

的推論を採用する場合でも，S&G は事前に設定した仮説の検証にとどまらず，複合的状態において起こりうる予想外の現象の発見や，それらの現象が起きる条件についての新たな仮説の発見を志向する．S&G の最大の特色は，他の手法では見落とされがちな重要な可能性を発見し，ゲームの構造と関連付けて考察できる点にある (Schelling 1962)．同様の遡行的推論は ABS でも可能であるものの，人間をエージェントで代替してよいかどうかは，対象とする課題の性質や研究の目的による．例えば，課題の中核にあるジレンマや対立が多元的価値・規範意識・信頼等の AI で扱いづらい要因に支配される場合は，人間によるゲームプレイを観察する方がよいだろう．以上のような特色を持つ S&G は，現実の環境問題の隠れた原因，問題状況下における人間の行動，さらには自然と社会を含む系全体のダイナミクスを独自の仕方で推論し，より厳密な仮説の検証や仮説の利用を得意とする他の研究分野を補完することができる．

5　シミュレーション & ゲーミングの学習効果

（1）学習効果の評価法

　一部の S&G は，振り返りや分析を通じた課題解決への貢献よりも，参加者による課題状況についての学習に力点を置く．S&G の学習効果は，質問票，作文，インタビュー等を通じて評価される．こうした学習効果の評価にも，帰納的または遡行推論的なロジックが用いられる．帰納的な評価は，S&G に参加した学生と未参加の学生との学習効果の違いを検証する．S&G に参加した学生と同テーマの講義等に参加した学生とを比べる場合もあれば，S&G に参加する前後での知識や意欲の違いを調べる場合もある．ただし帰納法は，学習効果を厳密に検証できる反面，この S&G はこの項目を学習できるはず，という仮説を事前に立てる必要があるため，あらかじめ意図していなかった創発的な学びを見落とす恐れがある．そうした創発的な学びこそ S&G の良さであることから，授業レポートの分析やヒアリングの結果を出発点として，参加者の学びを遡行的に調べる方法も有力である．そうした遡行的な評価の具体例として，エネルギーシステム教育のための S&G の学習効果を調べた筆者らの研究を紹介する．

（2）エネルギーシステム教育のための S&G

　現代の工学教育は，自身の専門と人間・社会・自然との関係を複合的に理解し，持続可能な社会の構築に主体的に貢献できる人材を育てなければならず，教育現場では，そうした分野融合的な話題の教授法の模索が続いている．筆者は，分野融合的な教授法としての S&G の可能性に着目し，工学系の大学生・大学院生を対象とする授業を実践しつつ，その学習効果を評価してきた．授業の学習目標は「技術選択を通じて社会からの要請に応えられるシステムを構築する視点」と「価値の対立を乗り越えて合意形成する能力・態度」の2点である．

　この授業は5〜6人用の電源選択ゲームを用いる．ゲームの参加者は架空の国の電力事業を独占する公社の取締役となる．公社が所有する5基の石油火力発電所が1基ずつ寿命を迎えるため，参加者は合議と投票を通じて新しい電源を建設する必要がある．ただし各取締役は，国内のさまざまな利害関係団体から派遣されており，目指す電源構成が互いに異なる．例えば，製造業者は発電費用の低減を最も重視するが，環境 NPO は電源の低炭素化が一番大切と考える．投票が割れて電源が建たないと停電が起きて全員敗北となるため，安定供給という公益と各取締役の私益が対立する．この対立の源は，どの電源を建てても誰かが不満を持つというトレードオフ関係，燃料価格の高騰や過酷事故等のリスク事象，および参加者同士の読み合いと交渉に起因する不確実性である．

　授業は2回に分けて行われる．1回目の授業では，ゲームプレイを通じて，電源選択がシステム全体の費用・環境負荷・各種リスクに与える影響を直感的に理解しつつ，電源構成を巡る議論が各利害関係者の目にどのように映るのかを仮想的に経験してもらう．その後，ゲーム経験の振り返りと現実の電力システムの調査についての中間レポートを提出してもらう．2回目の授業では，グループ討論と講師による解説を通じて，各自が提出した中間レポートの内容をクラス全体で共有する．最後に，自由記述式の最終レポートを通じて，2回の授業を通じた学びを報告してもらう．授業全体の設計図を**図9-3**に示す．灰色の箱が授業の流れ，黒色の箱が期待される学習効果である．

　S&G の学習効果の評価法は，参加者と未参加者との学習効果の違いを検証する帰納的方法と，参加者による学びの報告を深掘りする遡行的方法に大別される．学習項目が明確な場合は帰納的方法が役立つものの，参加者が何を学んだかを幅広く調べる場合や，多元的価値のような概念の理解度を知りたい場合

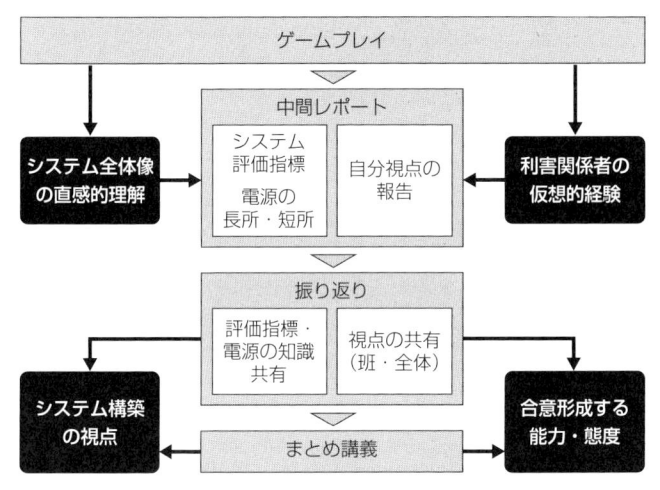

図9-3　電源選択ゲームを用いる授業全体の設計図

出所）鈴木研悟（2020）, 「ゲーミングを用いたエネルギーシステム教育の学習効果の評価」, 『シミュレーション＆ゲーミング』, 29(2), p. 70, 図5.

には，報告内容の質的な分析を通じて，参加者はどのような経験をしたのか，S&Gは学習目的と合致する経験を生み出せたのかを推論するのも有力である．

　そこで本研究は，実践を通じて蓄積した90本の最終レポートを精読し，すべての段落に対して報告内容を示すラベルを割り当てる内容分析を行った．分析の結果，① 技術選択の重要性，② 技術開発の重要性，③ 長期的視野の重要性，④ 評価指標の多様性，⑤ 発電技術の長所・短所，⑥ 相互理解・妥協の重要性，⑦ 知識・情報共有の重要性，⑧ 教育・対話の重要性，⑨ 制度・枠組の重要性，⑩ 合意形成の難しさ，⑪ 価値の多様性の気づき，⑫ 環境問題の難しさ，⑬ 自主的な調査，⑭ 他者の意見からの気づき，⑮ 不確実性・リスクの認知，⑯ 将来システムへの意見，という16種類のラベルが特定された．これらのラベルのうち，① から ⑤ が1つ目の学習目標である「システム構築の視点」，⑥ から ⑫ が2つ目の学習目標である「合意形成する能力・態度」に関係すると考え，これらのラベルを含むレポート数を調べた．**図9-4** は，各学習目標に対応するラベルが少なくとも1つ含まれるレポート数をクロス集計した結果であり，両方の学習目標に関係する記述が全体の約3分の2に相当する59件のレポートに含まれていたことを示す．この結果は，2つの学習目標に関連する知識と経験がS&Gを通じて得られていたことを示唆する．以上の分析は筆者1名で行

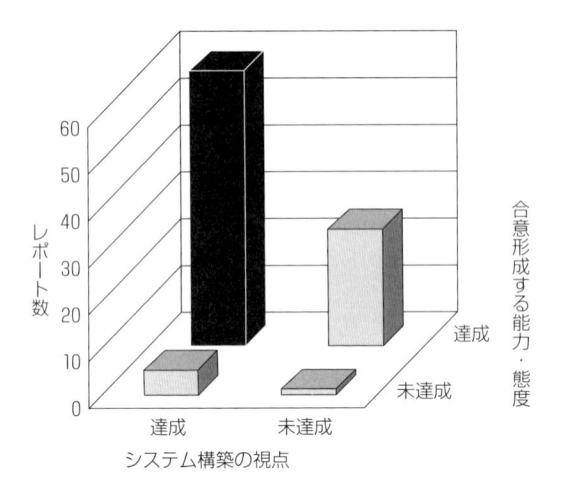

**図9-4　電源選択ゲームの学習効果を達成したレ
ポート数**

出所）鈴木研悟（2020），前掲稿，p. 73, 図8.

われたが，後日に実践回数を増やした上で3名による分析を行い，多くの学生
が2つの学習目標に関連する学びを得ていたことを改めて確認した（Suzuki et
al., 2021）．

お わ り に

　S&G とは複合的課題についての理解を深めつつ解決の糸口を探る営みであ
り，ゲームというメディアを独自の仕方で活用する科学研究の一種である．
S&G の狙いは，不確実性下における利害関係者の意思決定をリアルに表現し
つつ，それらの選択が自然・社会システム全体に与える動学的な影響を推論す
ることである．多くの学術分野が専門化された問いの厳密な検証を目指すのに
対し，S&G は諸学の間に横串を通し，この複雑な世界の全体像を直感的に理
解することを目指す．このS&G ならではの複眼的視座は，私たちの行動が未
来をどのように分岐させるのか，破滅的な未来を避けるために本当に必要なこ
とは何なのかという，明日につながる考察を深めることを可能にする．
　S&G は，「こうすればイノベーションが起きる」「こうすれば世界がよくな
る」といった直接的な答えを示すものではなく，複雑な世界のダイナミクスを

できるだけ複雑なまま表現できるゲームをデザインし実践することで，「なぜ
イノベーションが起きないのか」「なぜ世界がよくならないのか」という根源
的な問いと向き合う営みである．そうした営みを通じて，少しでも明るい未来
への障害となる要素を明らかにし，ひとつひとつ取り除いてゆく．そうした形
でイノベーションを少しでも前に進める原動力となることが，S&G の目指す
所である．喩えるなら，シミュレーション&ゲーミングにおけるイノベーショ
ンとは，羅針盤の代わりにゲームを携えて，危険な海域を避けながら望ましい
未来を目指す航海のようなものである．

参考文献

Ambrosius, F. H. W., Hofstede, G. J., Bokkers, E. A. M., Bock, B. B. and Beulens, A. J. M. (2019), "The Social Influence of Investment Decisions: A Game about the Dutch Pork Sector," *Livestock Science*, 220, pp. 111-122.

Costikyan, G. (2015), *Uncertainty in Games*, The MIT Press.

Crawford, C. (1984), *The Art of Computer Game Design*, Mcgraw-Hill.

Duke, R. D. (1974), *Gaming: The Future's Language*, John Wiley & Sons Inc.（中村美枝子・市川新訳『ゲーミング・シミュレーション――未来との対話――』，アスキー，2001年）.

Edison, H., bin Ali, N. and Torkar, R. (2013), "Towards Innovation Measurement in the Software Industry," *Journal of Systems and Software*, 86(5), pp. 1390-1407.

Geels, F.W., and Schot, J. (2007), "Typology of Sociotechnical Transition Pathways," *Research Policy*, 36(3), pp. 399-417.

Hallinger, P., Wang, R., Chatpinyakoop, C., Nguyen, V. T. and Nguyen, U. P. (2020), "A bibliometric review of research on simulations and serious games used in educating for sustainability, 1997-2019," *Journal of Cleaner Production*, 256, Article 120358.

Hansen, P., Liu, X. and Morrison, G. M. (2019), "Agent-based Modelling and Socio-technical Energy Transitions: A Systematic Literature Review," *Energy Research & Social Science*, 49, pp. 41-52.

Hertzog, M. T., Poussin, J. C., Tangara, B., Kouriba, I. and Jamin, J. Y. (2014), "A Role Playing Game to Address Future Water Management Issues in a Large Irrigated System: Experience from Mali," *Agricultural Water Management*, 137, pp. 1-14.

広瀬幸雄 (2000),「多元的現実を理解するメディアとしての仮想世界ゲーム」,『シミュレーション&ゲーミング』, 10(1), pp. 14-21.

Honjo, K. and Kubo, T. (2020), "Social Dilemmas in Nature-based Tourism Depend on Social Value Orientations," *Scientific Reports*, 10, Article 3730.

Jacobs, S. et al. (2016), "A New Valuation School: Integrating Diverse Values of Nature in Resource and Land Use Decisions," *Ecosystem Services*, 22, pp. 213-220.

兼田敏之 (2005),『社会デザインのシミュレーション＆ゲーミング』, 共立出版.

Kates, R. W. et al. (2001), "Sustainability science," *Science*, 292(5517), pp. 641-642.

北梶陽子・大沼進 (2014),「社会的ジレンマ状況で非協力をもたらす監視罰則――ゲーミングでの例証――」,『心理学研究』, 85(1), pp. 9-19.

Koenigstein, S., Hentschel, L. H., Heel, L. C. and Drinkorn C. (2020), "A Game-based Education Approach for Sustainable Ocean Development," *ICES Journal of Marine Science*, 77(5), pp. 1629-1638.

仲出川裕太・鈴木研悟 (2024),「ゲーミング実験によるエネルギー転換への炭素税の影響評価」,『シミュレーション＆ゲーミング』, 33(2), pp. 31-41.

Nordhaus, W. D. (2013), *The Climate Casino: Risk, Uncertainty, and Economics for a Warming World*, Yale University Press (藤崎香里訳『気候カジノ』, 日経 BP 社, 2015年).

Salen, K., Zimmerman, E. (2003), *Rules of Play: Game Design Fundamentals*, MIT Press (山本貴光訳『ルールズ・オブ・プレイ』, ニューゲームズオーダー, 2019年).

Schelling, T. C. (1964), "Experimental Games and Bargaining Theory" In: Shubik, M. (ed.) *Game Theory and Related Approaches to Social Behavior* (book chapter). John Wiley & Sons. pp. 311-323 (白崎文雄訳『ゲーム論概説――社会行動の研究――』, 東海大学出版会, 2001年).

鈴木研悟 (2020),「ゲーミングを用いたエネルギーシステム教育の学習効果の評価」,『シミュレーション＆ゲーミング』, 29(2), pp. 67-77.

Suzuki, K., Shibuya, T. and Kanagawa T. (2021), "Effectiveness of a Game-based Class for Interdisciplinary Energy Systems Education in Engineering Courses," *Sustainability Science*, 16, pp. 523-539.

Suzuki, K. (2022), "The Unique Value of Gaming Simulation as a Research Method for Sustainability-Related Issues" In: Kaneda T., Hamada R. and Kumazawa, T. (ed.) *Simulation and Gaming for Social Design* (*Translational Systems Sciences vol. 25*) (book chapter). Springer, pp. 125-147.

Teague, A., Sermet, Y., Demir, I. and Muste M. (2021), "A Collaborative Serious Game for Water Resources Planning and Hazard Mitigation," *International Journal of Disaster Risk Reduction*, 53, Article 101977.

初 出 一 覧

第 1 章　林聖子・田辺孝二（2010），「地域中小企業のイノベーション創出を促進する仙台堀切川モデルの考察」，『産学連携学』，7(1)，pp. 31-41.

　　　　林聖子（2020a），「中小企業のイノベーション創出を支援する堀切川モデルによる地域産業振興」，『都市創造学研究』，(4)，pp. 87-105.

第 2 章　遠藤薫（2019），「AI／IoT 社会における規範問題を考える計算社会科学とポスト・ヒューマニティ」，『社会情報学』，8(2)，pp. 1-18（https://www.jstage.jst.go.jp/article/ssi/8/2/8_1/_article/-char/ja/）.

第 3 章　上田隆一（2023），「技術チャレンジの中で育った確率ロボティクス」，『ロボ學』，41(5)，pp. 443-450（https://www.jstage.jst.go.jp/article/jrsj/41/5/41_41_443/_article/-char/ja/）.

第 4 章　小澤真紀子（2024），「意味のイノベーションに向けた一次的意味と二次的意味のインタラクション――製品外観の変革要素に着目して――」，『日本感性工学会論文誌』，23(2)，pp. 119-129.

第 5 章　入澤裕介・石川誠・長沢伸也（2010），「京都「信三郎帆布」に見る "こだわりのものづくり" の経験価値創造と商品イノベーション」，『商品開発・管理研究』，7(1)，pp. 36-52（https://www.jstage.jst.go.jp/article/apdmj/7/1/7_36/_article/-char/ja/）.

第 6 章　齊藤智明，書下ろし

第 7 章　橋上英宜（2024），「日本の慣習と法規制を考慮した通勤カープールの研究」，筑波大学理工情報生命学術院システム情報工学研究群博士論文.

第 8 章　中嶋良介・仲田知弘・杉正夫・山田哲男（2020），「機械学習・スマートデバイスを活用した循環型生産システムの生産性イノベーションへのチャレンジ」，『システム制御情報学会誌』，64(10)，pp. 380-387（https://www.jstage.jst.go.jp/article/isciesci/64/10/64_380/_article/-char/ja/）.

第 9 章　鈴木研悟，書下ろし

《執筆者紹介》（執筆順，＊は編著者）

林　聖子（はやし　せいこ）[研究・イノベーション学会] [第1章]
東京工業大学大学院イノベーションマネジメント研究科イノベーション専攻博士後期課程単位取得後退学.
現在，亜細亜大学大学院アジア，国際経営戦略研究科委員長，都市創造学部教授.
主要業績
「地域中小企業のイノベーション創出を促進する仙台堀切川モデルの考察」（共著），『産学連携学』，7
　　(1)，pp. 31-41, 2010年.
「中小企業のイノベーション創出を支援する堀切川モデルによる地域産業振興」，『都市創造学研究』，
　　(4)，pp. 87-105, 2020年.
「コロナ禍でも産学連携でイノベーションを創出し続ける堀切川モデル」，『都市創造学研究』，(5)，
　　pp. 87-97, 2021年.

遠藤　薫（えんどう　かおる）[社会情報学会] [第2章]
東京工業大学大学院理工学研究科博士後期課程修了，博士（学術）.
学習院大学名誉教授.
主要業績
『ロボットが家にやってきたら——人間とAIの未来——』，岩波書店，2018年.
『ソーシャルメディアと公共性——リスク社会のソーシャル・キャピタル——』（編著），東京大学出版
　　会，2018年.
『災禍の時代の社会学——コロナ・パンデミックと民主主義——』（共編著），東京大学出版会，2023年.

上田隆一（うえだ　りゅういち）[日本ロボット学会] [第3章]
東京大学大学院工学系研究科精密機械工学専攻修士課程修了，博士（工学）.
現在，千葉工業大学先進工学部未来ロボティクス学科教授.
主要業績
2020年度日本機械学会教育賞，2021年.
日本ロボット学会第38回学会誌論文賞（責任著者として），2024年.
RoboCup 2004 Four Legged League Technical Challenge 2nd place（チームリーダーとして）.

小澤真紀子（おざわ　まきこ）[日本感性工学会] [第4章]
広島大学大学院社会科学研究科修了（マネジメント専攻）.
現在，一般社団法人感性実装センター 上席研究員，色彩生活コーポレーション株式会社 上席カラー
ストラテジスト，「ひろしま感性イノベーション推進協議会」研究実装プロデューサー，広島大学大学
院客員講師，広島女学院大学非常勤講師.
主要業績
「製品価値を創出するカラー・ドリブン・イノベーションに関する研究——日本のものづくり企業にお
　　ける製品意味の革新に着目して——」，『工業経営研究学会誌』，36(2)，pp. 15-32, 2022年.

入澤 裕介（いりさわ ゆうすけ）[商品開発・管理学会][第5章]
早稲田大学大学院商学研究科博士後期課程満期退学.
現在，株式会社日立システムズパワーサービス勤務，株式会社 USD 社外取締役，中央大学理工学部
非常勤講師，早稲田大学ビジネス・ファイナンス研究センター招聘研究員，商品開発・管理学会理事.
主要業績
『戦略的感性商品開発の基礎——経験価値，デザイン，実現化手法，ブランド・経営——』（共著），海
　　文堂出版，2019年.
『暮らしにおける感性商品——感性価値を高めるこれからの商品開発と戦略——』（共著），晃洋書房，
　　2021年.
『商品開発・管理の挑戦——デザイン，ラグジュアリー，ブランド，社会課題——』（共著），晃洋書房，
　　2023年.

*長沢 伸也（ながさわ しんや）[商品開発・管理学会][第5章]
奥付参照

齊藤 智明（さいとう ともあき）[日本信頼性学会][第6章]
東京工業大学総合理工学研究科物理情報工学専攻修士課程修了.
現在，株式会社電通総研勤務.
主要業績
「水素ロータリエンジン車の開発」，第5回機械振興協会会長賞，2007年.
「ノルウェー仕様の RX-8 ハイドロジェン RE の開発」，『マツダ技報』，2010年.
「ロータリエンジンを用いたレンジエクステンダユニットの紹介」，『マツダ技報』，2015年.

繁野 麻衣子（しげの まいこ）[スケジューリング学会][第7章]
東京工業大学大学院理工学研究科博士後期課程情報科学専攻中退，博士（理学）.
現在，筑波大学システム情報系教授.
主要業績
"Maximum flows with concave gains," *Mathematical Programming*, 107, pp. 439-459, 2006.
『ネットワーク最適化とアルゴリズム』，朝倉書店，2010年.
『IT Text 数理最適化』（共著），オーム社，2012年.

橋上 英宜（はしかみ ひでのぶ）[スケジューリング学会][第7章]
筑波大学大学院システム情報工学研究群博士後期課程修了.
現在，株式会社スタイルポート勤務.
主要業績
「日本の慣習と法規制を考慮した通勤カープールモデル」（共著），『電子情報通信学会論文誌（A）』，
　　2023年.
"Challenges of Commuter Carpooling with Adapting to Japanese Customs and Regulations: A Pilot
　　Study," （共著），*Transportation Research Interdisciplinary Perspectives*, 22, 100945, 2023.
"Safe Route Carpooling to Avoid Accident Locations and Small Scale Proof of Concept in Japan,"
　　（共著），*IEEE Transactions on Systems, Man and Cybernetics: Systems*, 53(7), pp. 4239-4250,
　　2023.

中嶋 良介 (なかじま　りょうすけ) [システム制御情報学会] [第8章]
青山学院大学大学院理工学研究科理工学専攻博士後期課程修了.
現在，慶應義塾大学理工学部管理工学科専任講師.
主要業績
「人間の視覚特性に基づいた外観検査作業の改善活動の考え方」,『IE レビュー』, 60(1), pp. 47-51, 2019年.
"Effect of Bright and Shade, and Luminance Difference of Defect on Defect Detection in Appearance Inspection utilizing Peripheral Vision", *International Journal of Industrial Ergonomics*, 82, 103086, 2021.
「外観検査における製品画像を活用した検査方法の有用性に関する事例研究」(共著),『日本設備管理学会誌』, 34(4), pp. 97-104, 2023年.

仲田 知弘 (なかだ　ともひろ) [システム制御情報学会] [第8章]
電気通信大学大学院電気通信学研究科博士後期課程修了.
現在，文京学院大学外国語学研究科准教授.
主要業績
"Bayesian Analysis Method of Time Series Data in Greenhouse Gas Emissions Trading Market," (共著), *Agent-Based Approaches in Economic and Social Complex Systems VI*, Springer, pp. 147-159, 2011.
"Matrix Approach and Scheduling for Cooperation Requirement Planning in Industrial Robots," *Intelligent and Transformative Production in Pandemic Times —— Proceedings of the 26th International Conference on Production Research*, Springer, pp. 23-30, 2023.
「知識社会におけるホワイトボックス AI 行列法の提案」(共著),『日本設備管理学会誌』, 35(1), pp. 33-39, 2023年.

鈴木 研悟 (すずき　けんご) [日本シミュレーション&ゲーミング学会] [第9章]
筑波大学大学院システム情報工学研究科リスク工学専攻博士後期課程修了，博士 (工学).
現在，筑波大学システム情報系助教.
主要業績
「エネルギーシステム研究におけるゲーミングの役割」(共著),『シュミレーション＆ゲーシング』, 29(2)，pp. 55-65, 2020年.
"Effectiveness of a Game-Based Class for Interdisciplinary Energy Systems Education in Engineering Courses", (共著), *Sustainability Science*, 16, pp. 523-539, 2021.
「ゲーミング実験によるエネルギー転換への炭素税の影響評価」(共著),『シミュレーション＆ゲーミング』33(2)，pp. 31-41, 2024年.

《編著者紹介》

長沢 伸也（ながさわ　しんや）[横幹連合広報・出版委員会2023年度委員長]

　早稲田大学大学院理工学研究科修了，工学博士（早稲田大学）．
　現在，早稲田大学ビジネススクール（大学院経営管理研究科）教授．

主要業績

『シャネルの戦略——究極のラグジュアリーブランドに見る技術経営——』
　（編著），東洋経済新報社，2010年（韓国語版：Random House（ソウ
　ル），2011年）．

『ルイ・ヴィトンの法則——最強のブランド戦略——』（編著），東洋経済新
　報社，2007年（韓国語版：Haeng Gan（ソウル）2009年．タイ語版：
　Technology Promotion Assoc.（バンコク），2009年）．

『カルティエ 最強のブランド創造経営——巨大ラグジュアリー複合企業「リ
　シュモン」に学ぶ感性価値の高め方——』（編著），東洋経済新報社，
　2021年．

横幹〈知の挑戦〉シリーズ
イノベーションの創出
——仕組み，社会実装，技術——

2024年12月20日　　初版第1刷発行　　＊定価はカバーに
　　　　　　　　　　　　　　　　　　　表示してあります

編著者　　長　沢　伸　也 ©

発行者　　萩　原　淳　平

印刷者　　田　中　雅　博

発行所　株式会社　晃　洋　書　房
〒615-0026　京都市右京区西院北矢掛町7番地
電話　075(312)0788番代
振替口座　01040-6-32280

装丁　HON DESIGN（岩崎玲奈）　　印刷・製本　創栄図書印刷㈱
ISBN978-4-7710-3880-6